体型がなんかビミョ──な
ぐ〜たら女子が
10日で変わった

ひねって
伸ばす

ふわトレッチ

くもやあきこ 著者
ちぴ 監修

［プロローグ］ふわトレッチって何!?

ある日
気がついた
ふとガラスに映った
自分の姿…
なんか思ってた自分と
!!
ドーー
全っっ然違う!!
ヒッ
そういえば入学式の
写真も…
漂う急な
マダム感〜
いやマダム
だけど!!
っっ
私って
こんなだった!?
ガ〜ン
どうしたんですか
くもやさん
藤原さん!
やばいです!!
っっっ
何が
担当編集 藤原さん

自分の身体が思ってた1.5倍くらい
デカかったんです!!
ブン
ブン
このままでは大好きな推し活でも厳しい現実を突きつけられることに!!
ムチー
スラーッ
推
人類の差が浮き彫り
ヒィィ
言うてそこまで太ってるつもりはなかったのに…
こんなイメージだったのに…
スッ
これは…?
痩せたいなら筋トレが一番ですよ!
色々やって5kgやせました!
すごい!!
でも…
理想のスラッと体型になってないんですよね…
ムキィ
Why!?
ダメじゃん!!

それ!!
筋トレのやり方
間違えてますよ!!
筋トレは賢くやらないと
きっぱり
ポケー…
理想とは程遠い硬くてムキムキな身体になっちゃいます!
急になんですか!?
どなた!?
美ボディメイク講師の
ちぴです
ちなみに3児の母です
3児の母!?

バカな…3人産んでその体型…⁉
アワワワワ
私の必殺「まぁ子どもも産んだしね☆」という言い訳が通用しない⁉
気を確かに！
でもそんな美ボディを維持するなんて…
さぞ大変なんでしょうねぇ…
ハァ…
ものぐさな私には無理ですわぁ～
ぐ～たら
あーあ…
大丈夫!!
めちゃめちゃぐ～たらなくもやさんでも楽しく続けられる運動を考えました！
フフフ
なんかふんわりディスられてるけどあざます!!
助かる!!

筋トレみたいにつらくない
ストレッチよりも見た目が変わる
ふんわりしなやかな美ボディになれる
キュッ
それが
ふわトレッチです
筋トレとストレッチのいいとこどり最先端のふわトレッチで
美へ一直線
私と一緒に美ボディメイクしていきましょう!!
ちぴ先生!
ついていきます!

E N T S

［プロローグ］ ふわトレッチって何!? 2

はじめに 10

本書の使い方 11

脚編

お悩み相談室
「ムキムキじゃなくてスラッとした脚になりたいんです！」 12

	マンガ	図解
足首まわし	16	30
スロースクワット	18	32
内ももキュッキュ	22	34
脚背面伸ばし	26	36

お尻編

お悩み相談室
「重力に負けて垂れたお尻をどうにかしたい！」 38

	マンガ	図解
股関節＆お尻ストレッチ	42	56
股関節ツイスト	44	58
横寝ひざパカ	48	60
裏ももクロス	52	62

ちびログ ふわトレッチ　3つのお約束 64

ちびログ ぐ〜たら女子的 美ボディメイクの掟 その1 65

お腹編

お悩み相談室
「下腹のもっちりをなくしてかわいい服を着たい！」 66

	マンガ	図解
あお向けツイスト	70	84
つま先キック	72	86
ひざローリング	76	88
四つん這い体幹トレーニング	80	90

R E T C H

C　O　N　T

背中・腰編

お悩み相談室
「もたついた丸い背中を若々しく！」 92

	マンガ	図解
骨盤ずらし	96	110
腰ツイストで腕まわし	98	112
スーパーマン	102	114
ひざ立ちツイスト	106	116

ちびログ ぐ～たら女子的 美ボディメイクの掟 その2 118
ちびログ ぐ～たら女子的 美ボディメイクの掟 その3 119

肩・二の腕編

お悩み相談室
「ママあるある たくましき二の腕とはおさらば！」 120

	マンガ	図解
鎖骨ストレッチ	124	138
腕ローリング	126	140
肩ツイスト	130	142
ＯＫ二の腕エクササイズ	134	144

全身編

お悩み相談室
「どこまでもぐ～たらな私たちをちび先生はわかってる」 146

	マンガ	図解
全方位ストレッチ	150	164
体幹エクササイズ	152	166
ひざクロスキック	156	168
全身ツイストエクササイズ	160	170

実践レポート ふわトレッチ１カ月チャレンジ 172
ちびログ “無理”してキレイになれるなんて、大間違い。 174
あとがき 175

F　U　W　A　T

はじめに

突然ですが、あなたは**どちらのタイプ**に近いでしょうか？

キレイになりたい気持ちはある。運動しなきゃいけないこともわかってる。だけど一体何から手をつけていいかわからず、気づけばついつい**ぐ〜たら過ごしてしまう。**

キレイになりたい気持ちは人一倍。**自己流で運動**をしているが、目指している体型には中々近づいていかない。どうすればいいかわからず途方に暮れ、運動するのが億劫になっている。

世の中には、キレイな体型を作るためのノウハウが溢れかえっています。にもかかわらず、先に挙げたような理由から「なりたい体型」になれず悩む人がたくさんいます。あなたにも、思い当たるフシがあるのではないでしょうか？

そこで、美ボディ講師であるちぴが提案したいのが、この本で紹介する「ふわトレッチ」。身体をひねって伸ばすだけで、理想の〝ふんわりしなやかボディ〟になれる、とっても賢いボディメイク法です。ふわトレッチを習慣にすれば、必要な筋肉を育てながら不要なぜい肉を落とせるので、見た目に美しく、かつ機能的に動ける身体を作ることができます。逆にふわトレッチを知らないままだと、いつまでたっても運動習慣を身につけられず、理想の体型を手に入れることも難しいでしょう。

キレイな身体を、無理なく無駄なく。筋トレとストレッチのいいとこどり、最先端の「ふわトレッチ」で、私と一緒に心地よいボディメイクを始めましょう！

本書の使い方

本書ではふわトレッチを、マンガと図解で紹介します。

まずは「マンガ」でじっくり、
慣れたら「図解」でサクッと！

STEP-1 マンガ

マンガを
読みながら一緒に
やってみよう！

詳しい説明やポイント
注意点を楽しく
丁寧に解説。

慣れたら…

STEP-2 図解

図解を見ながら
やってみよう！

マンガで
説明した流れを
ギュッっと凝縮。
動作や回数が
一目でわかります。

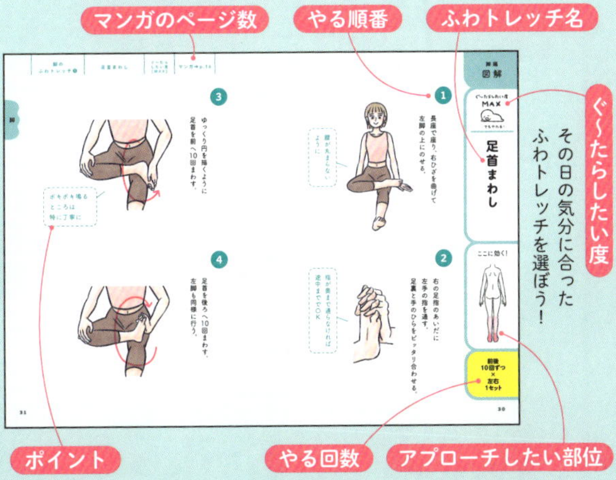

ふわトレッチ
3つのお約束

1. 呼吸を止めない
2. 最小限の力で
3. 急がずゆっくり丁寧に

脚編

お悩み相談室

「ムキムキじゃなくてスラッとした脚になりたいんです！」

私はこんな感じのスラッとした脚になりたいんです…！
スラ
リ
わーっ
確かに…！こうありたい！
SNSとか見ていろいろ筋トレしても全然細くならないし
むしろたくましくなっているような…
おーどれもよく見るやつ！
その筋トレだと細くならずムキムキになっちゃいます！
え!?

ちぴ先生!!
スラッとした脚を作るなら
激しく動いて負荷をかける運動よりも
足首・股関節を動かすふわトレッチがおすすめです
藤原さんがやってた筋トレだとアウターマッスルが鍛えられて…
ムキィィ
ドンドン屈強な脚になっちゃいます!!
えええええ!!!
脚の両端 つまり足首と股関節を動かすとインナーマッスルが働いてくれるので
へーーっ
必要な筋肉がついたスラッと美脚を作れます

また関節をしっかり使うことで血流が良くなり
キュッ
むくみも解消されます！
えーっ！むくみも!?
私は普段脚を出さないからあまり気にしてなかったけど
むくみは気になってたんですよ――
なんじゃ
パーン
推し活帰り
こりゃああああ
賢いふわトレッチで
美脚になる！
内側から引き締まった美しい脚を目指しましょう

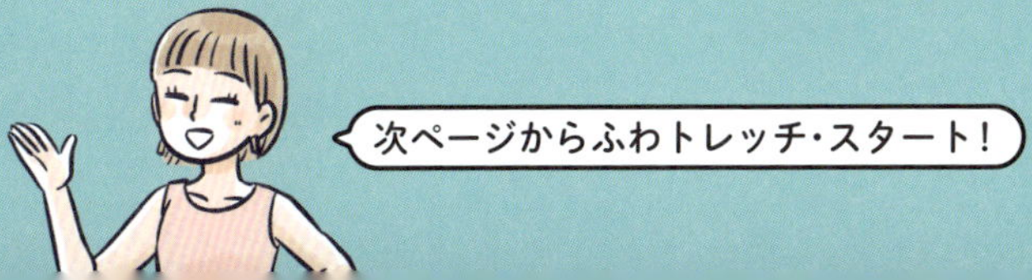
次ページからふわトレッチ・スタート！

足首まわし

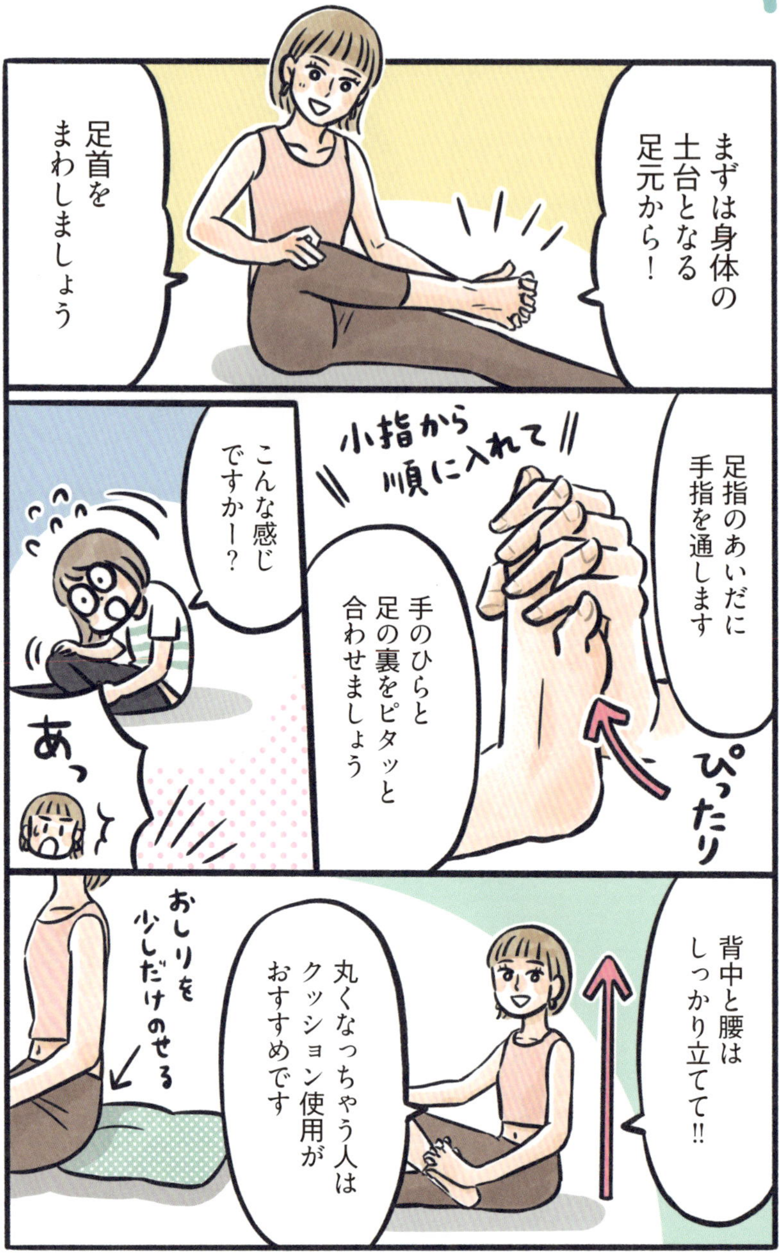
まずは身体の土台となる足元から！
足首をまわしましょう
足指のあいだに手指を通します
小指から順に入れて
ぴったり
手のひらと足の裏をピタッと合わせましょう
こんな感じですかー？
あっ
背中と腰はしっかり立てて!!
丸くなっちゃう人はクッション使用がおすすめです
おしりを少しだけのせる

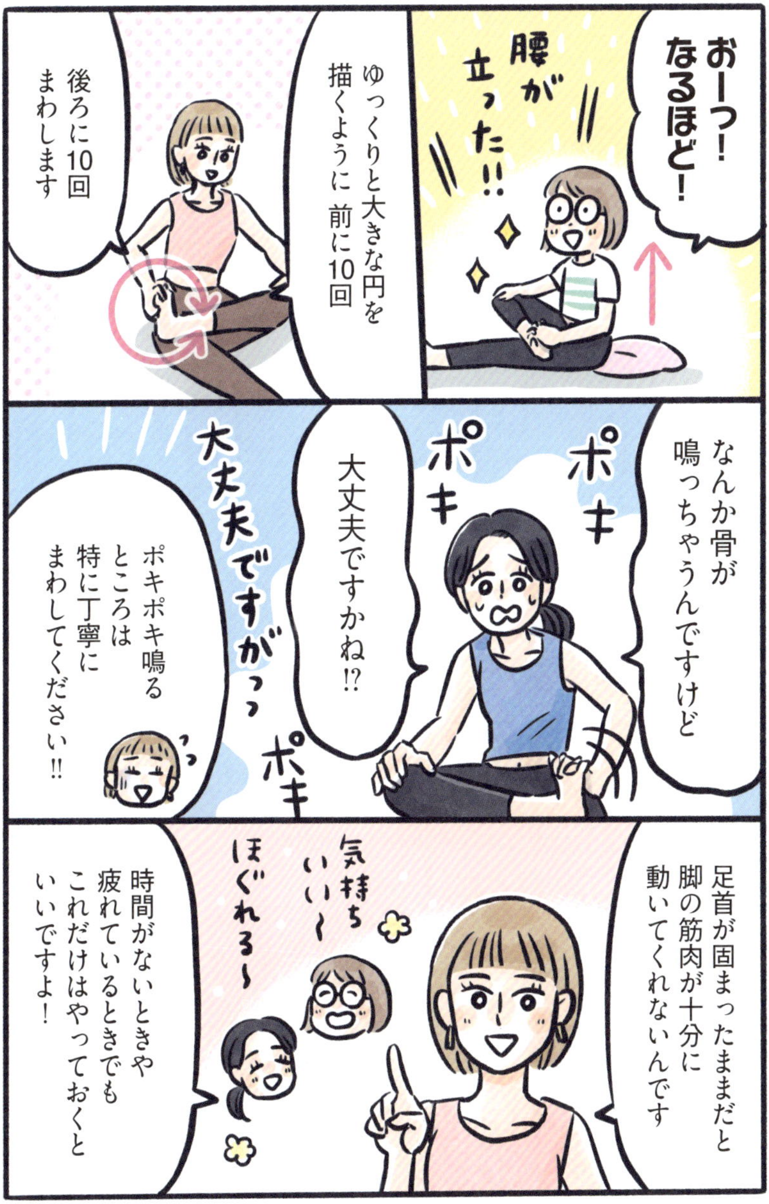

やってみて！ ➜ 30ページへ！

スロースクワット

足を骨盤幅に開いて立ちます
ぐっ
足の指を広げて持ち上げ母指球・小指球・かかとの3点で立ちましょう
スーゥ
息を吸いながら両手を上げます
ゆっくり息を吐きながらお尻を斜め後ろに突き出します
フーッ
息を吐き切るまでキープして！
ひざの裏を使って重心をうしろへ!!
息を吸いながら
スウー
上半身をゆっくり起こします

図解➡p.32

5回やる！
息を吐きながら手を下ろしましょう
フー……
だらーーん
お尻を突き出したとき背中が丸くなって腕が下がるのは
NG
逆に背中が反りすぎて
腕が上がりすぎちゃうのも
NG!!
ぐいんっ
身体が柔らかい人にありがち！
指先からお尻まで
まーーっすぐ！
下腹に力を込めて！
まーっすぐになるようにしましょう
裏ももと内ももをキュッと寄せるように！

うっ後ろに
重心を…
グラ
グラ
あ゛っっっ
後ろに倒れそうに
なる人は
前へ!
手を前へ引っぱる
意識を持って!
おしりじゃなくて
前に意識!
最初はちょい曲げ
くらいでＯＫ
このくらい
慣れたらひざも
腰も少しずつ
深く折り曲げ
ましょう!!

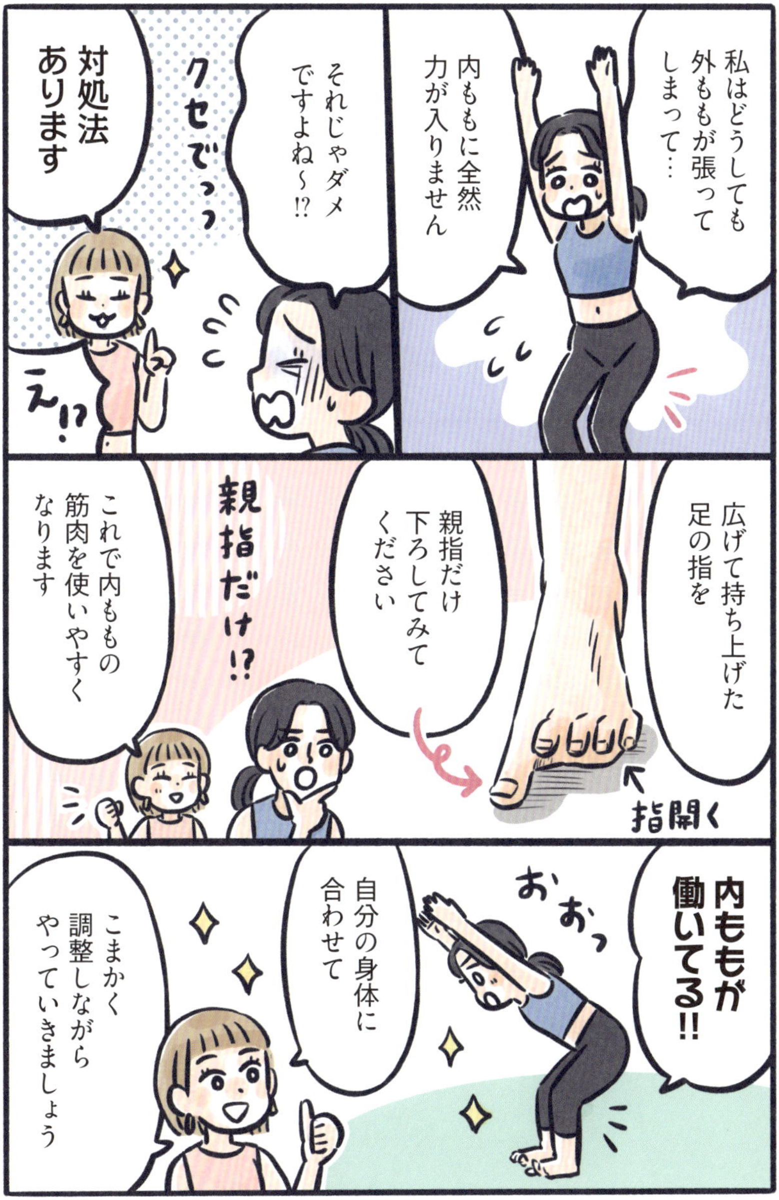

やってみて！ ➜32ページへ！

内ももキュッキュ

脚のふわトレッチ❸

図解➜p.34

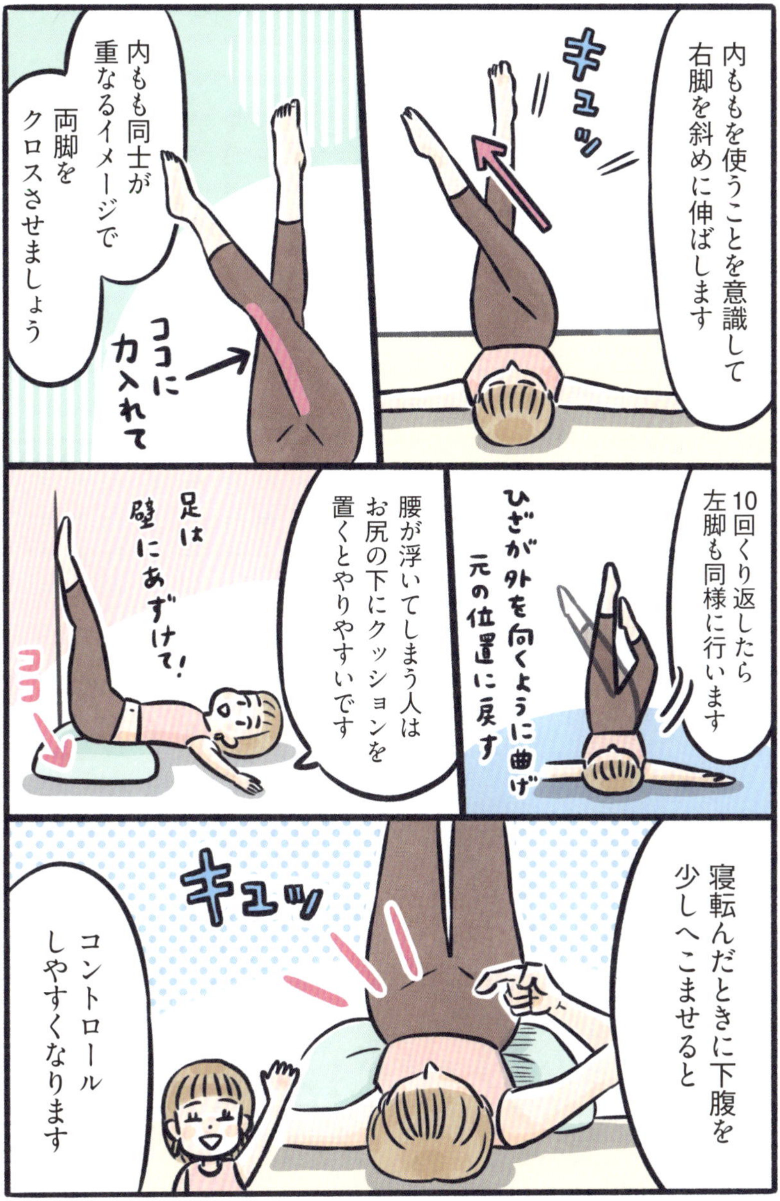
内ももを使うことを意識して右脚を斜めに伸ばします
キュッ
内もも同士が重なるイメージで両脚をクロスさせましょう
ココに力入れて
10回くり返したら左脚も同様に行います
ひざが外を向くように曲げ元の位置に戻す
腰が浮いてしまう人はお尻の下にクッションを置くとやりやすいです
足は壁にあずけて!
ココ
寝転んだときに下腹を少しへこませると
キュッ
コントロールしやすくなります

ん～ 内ももに効いてる感がないかも…
もしや何かを間違えてますか!?
??
クロスするときひざのお皿を外側に向けてみて
外
ひざのお皿が前を向いちゃうと前ももや外ももが頑張ってしまって
内ももにアプローチできないんです
NG
ほんとだ!!
ひざの向きだいじ!!
ひざの向きを意識してやってるんですが
まだ物足りないような…
どうすればうまくいきますかね?
フムフム

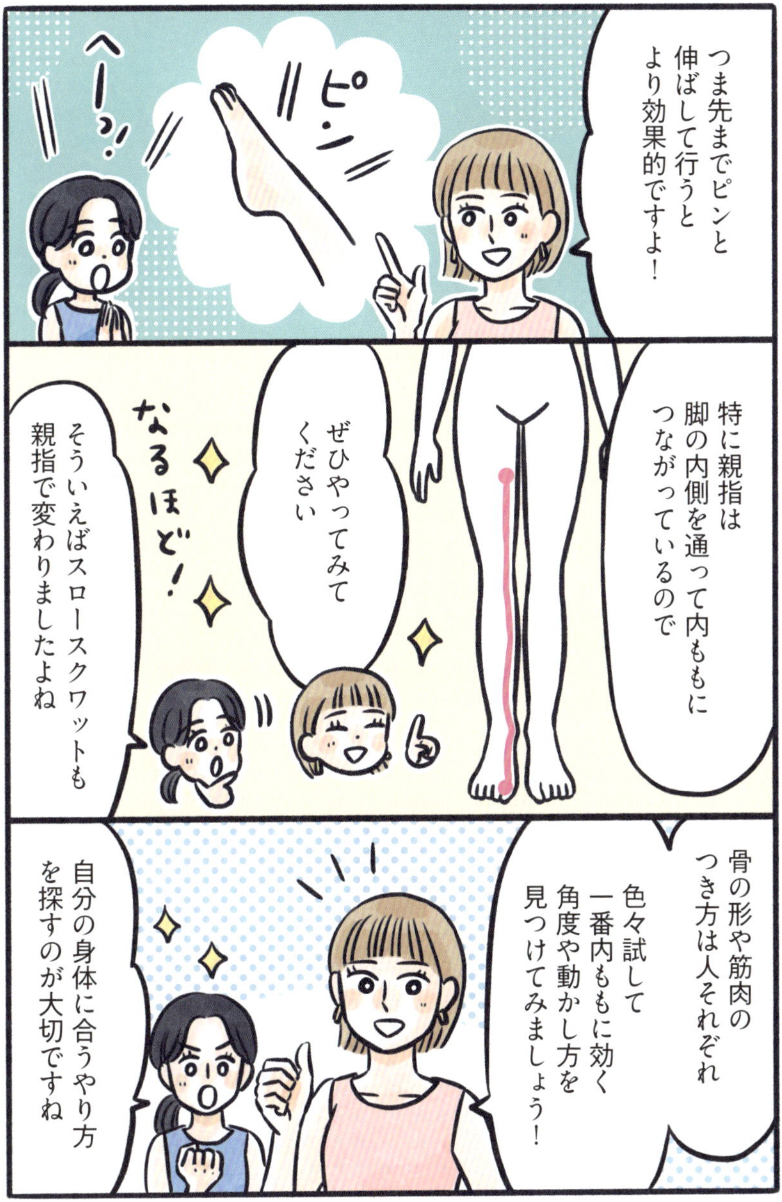
つま先までピンと伸ばして行うとより効果的ですよ!
ピン
へーっ!
特に親指は脚の内側を通って内ももにつながっているので
ぜひやってみてください
なるほど!
そういえばスロースクワットも親指で変わりましたよね
骨の形や筋肉のつき方は人それぞれ
色々試して一番内ももに効く角度や動かし方を見つけてみましょう!
自分の身体に合うやり方を探すのが大切ですね

やってみて!

➜34ページへ!

脚背面伸ばし

脚のふわトレッチ❹

図解➜p.36

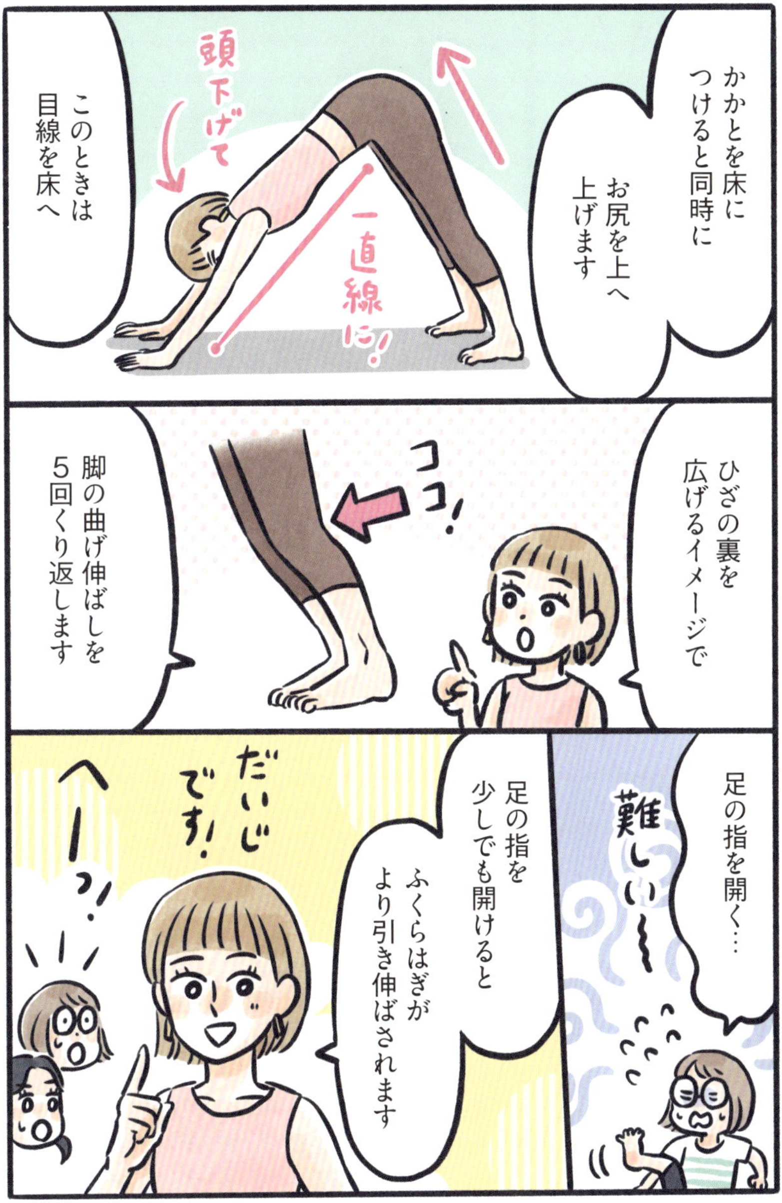
かかとを床につけると同時にお尻を上へ上げます
頭下げて
一直線に!
このときは目線を床へ
ひざの裏を広げるイメージで
ココ!
脚の曲げ伸ばしを5回くり返します
足の指を開く…
難しい〜
足の指を少しでも開けるとふくらはぎがより引き伸ばされます
だいじです!
へーっ!

先生～ひざが全然伸びません!!
いたたたた…
プル
プル
ひざをピシッと伸ばさないと意味がないんですかね？
痛くてムリ…
いいえ!!
伸ばしきらなくて大丈夫！
えっ!?
少し曲がっていてもふくらはぎに十分アプローチできます!!
このくらいでOK!!
それよりも〝お尻を上げる〟〝かかとを下げる〟を意識しましょう！
あと肩とか腕が痛いんですけど…
なぜに!?
それは手の方にばかり体重がかかってますね
プル
プル…
足側に体重をかけてみてください
なるほど！足側ですね!!

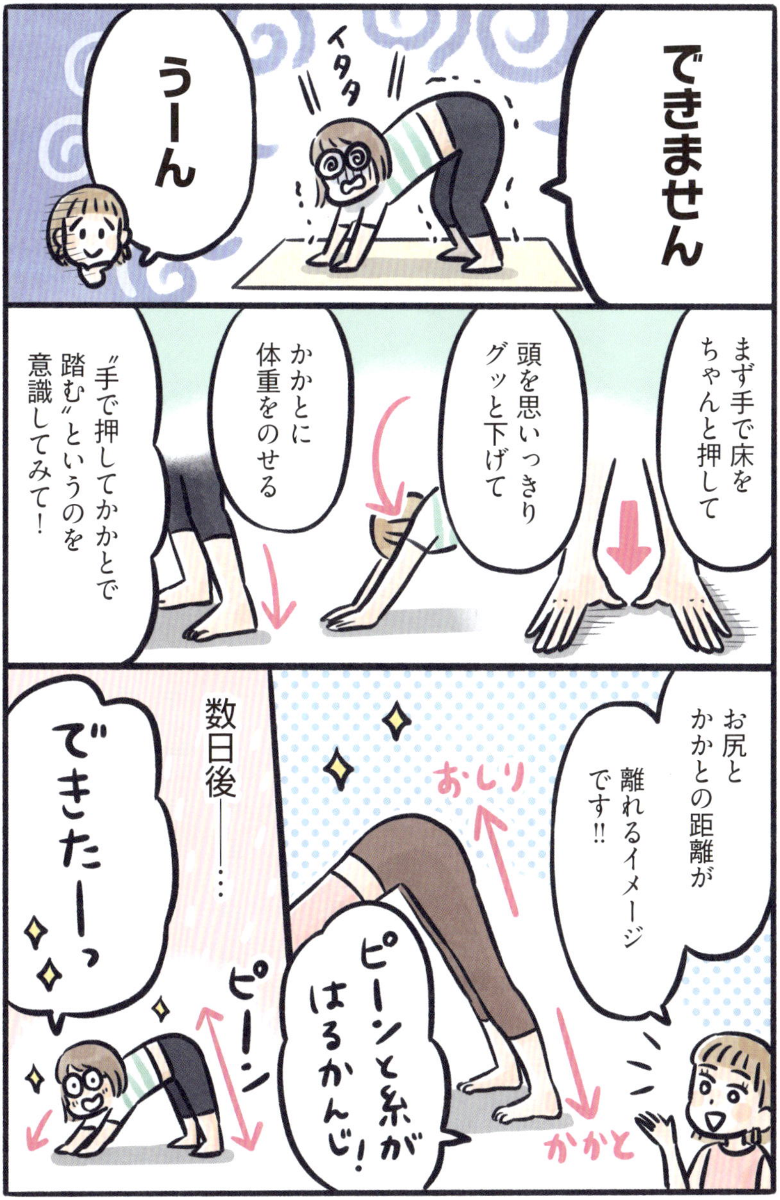

やってみて！ ➜ 36ページへ！

ぐ〜たらしたい度
MAX

…でもやれる!

足首まわし

ここに効く!

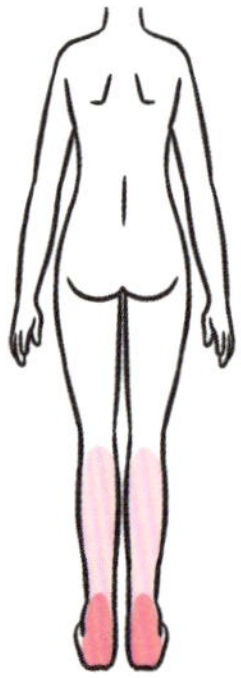

**前後
10回ずつ
×
左右
1セット**

1

長座で座り、右ひざを曲げて左脚の上にのせる。

腰が丸まらないように

2

右の足指のあいだに左手の指を通す。足裏と手のひらをピッタリ合わせる。

指が奥まで通らなければ途中まででOK

マンガ➜p.16

3

ゆっくり円を描くように
足首を前へ10回まわす。

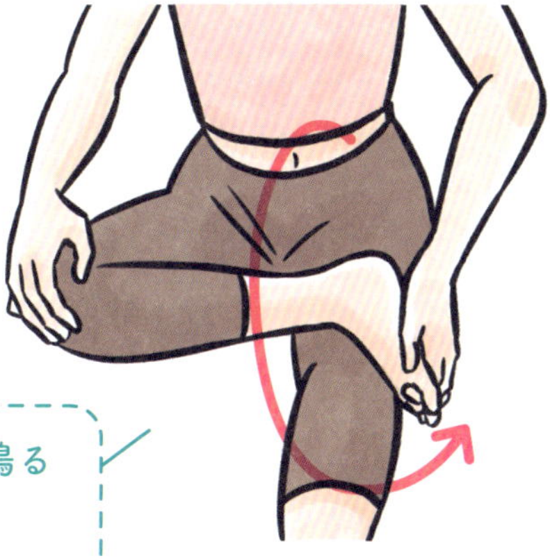

ポキポキ鳴る
ところは
特に丁寧に

4

足首を後ろへ10回まわす。
左脚も同様に行う。

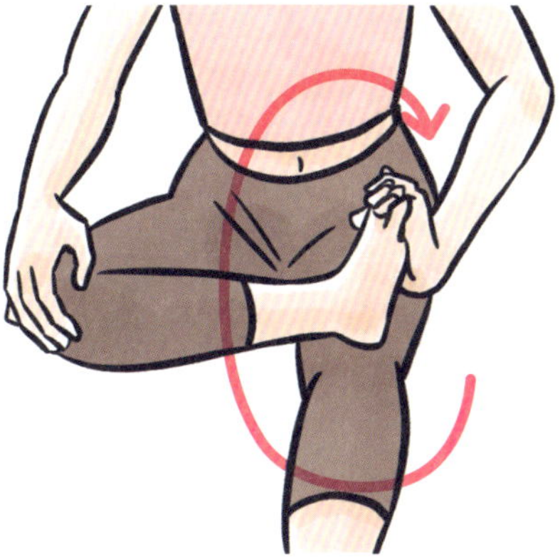

ぐ～たらしたい度

…でもやれる！

スロー スクワット

ここに効く！

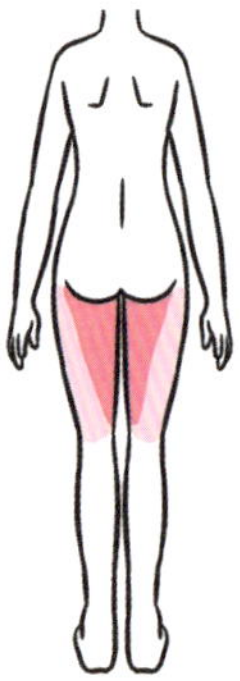

5回
×
1セット

1

足を骨盤幅に開いて立つ。
足指を広げ
床から離れるよう引き上げる。

2

息を吸いながら
両手を上げる。

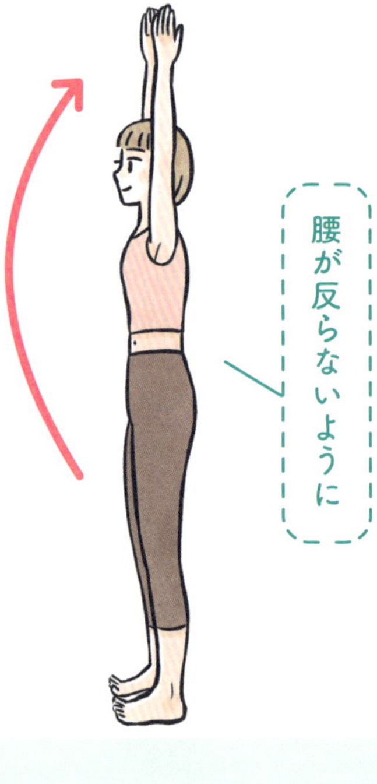

3

指先からお尻まで
一直線になるように
腰が丸く
ならないよう
下腹に力を
こめて

息を吐きながらゆっくりお尻を後ろへ突き出す。吐ききるまでキープ。

4

息を吸いながら上半身をゆっくり起こす。

5

息を吐きながら両手を下ろす。❷〜❺を5回くり返す。

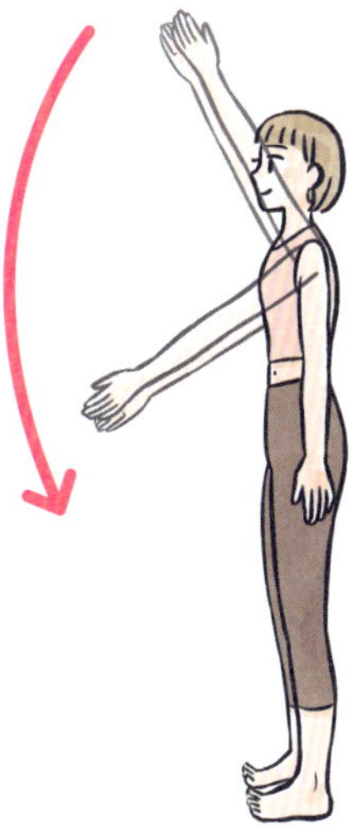

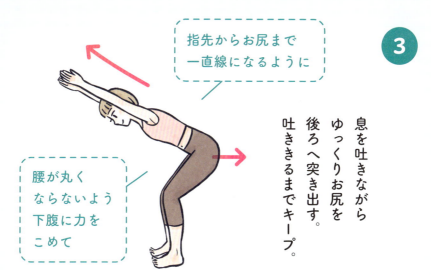

ぐ〜たらしたい度

中

…な時にピッタリ!

内もも キュッキュ

ここに効く!

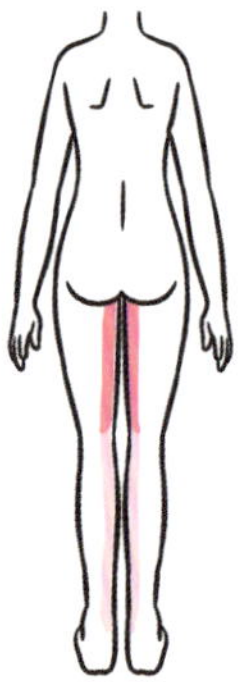

左右
10回ずつ
×
1セット

1

あお向けに寝て壁に脚を立てかける。

【横角度】

お尻が壁に近ければ壁につかなくてOK

2

右のつま先が左くるぶしのあたりにくるよう軽くひざを曲げる。

【横角度】

3

右ひざを外側に倒す。

腰が浮かないよう下腹に力をこめる
右つま先は伸ばし左脚から離さない

4

内ももを使うことを意識して右脚を斜めに伸ばす。

両脚のつけ根を重ねるイメージ

5

右脚を❸の位置に戻す。❸❹を10回くり返し左脚も同様に行う。

ぐ〜たらしたい度

低

…今こそトライ!

脚背面伸ばし

ここに効く!

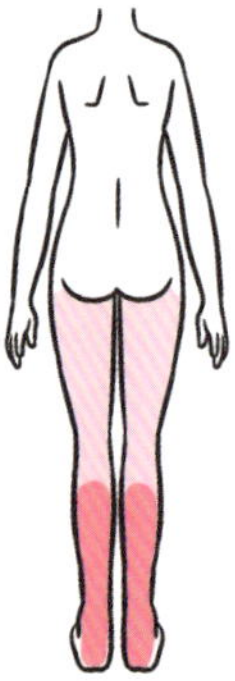

5回
×
1セット

1

四つん這いになり
足指を開いて立てる。

手は肩幅
ひざは骨盤幅

2

腰を丸めながら
ひざを床から持ち上げる。

目線はおへそ

マンガ→p.26

3

かかとを床に近づけながら
お尻を天井に持ち上げ
ひざ裏を伸ばす。

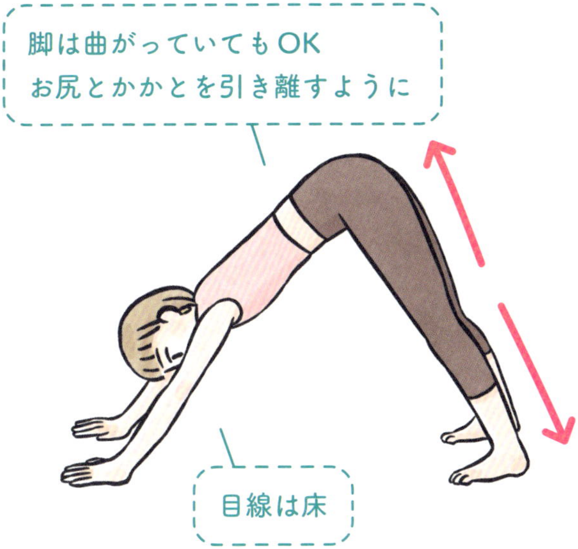
脚は曲がっていてもOK
お尻とかかとを引き離すように
目線は床

4

ひざを曲げて腰を丸める。
❸❹を5回くり返す。

足指は
開いたまま

お尻編

お悩み相談室「重力に負けて垂れたお尻をどうにかしたい！」

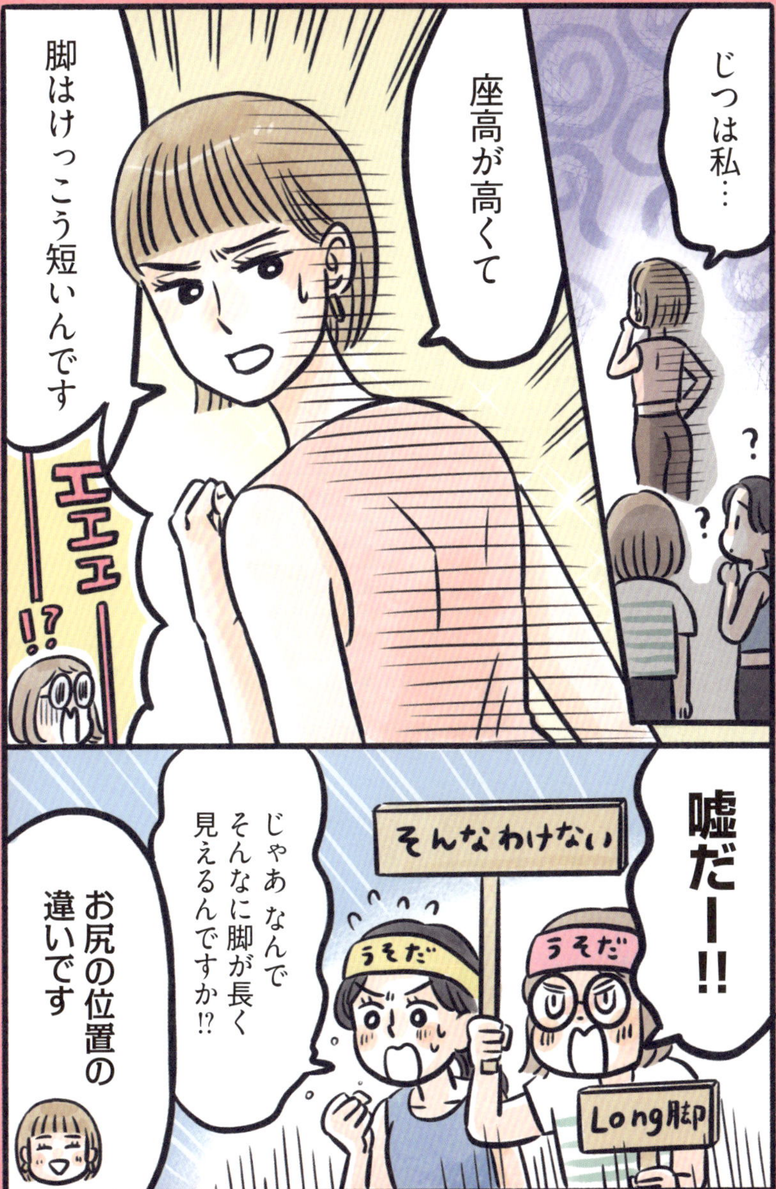
じつは私…
座高が高くて
脚はけっこう短いんです
エエェ
!?
嘘だー!!
そんなわけない
うそだ
うそだ
Long脚
じゃあなんでそんなに脚が長く見えるんですか!?
お尻の位置の違いです

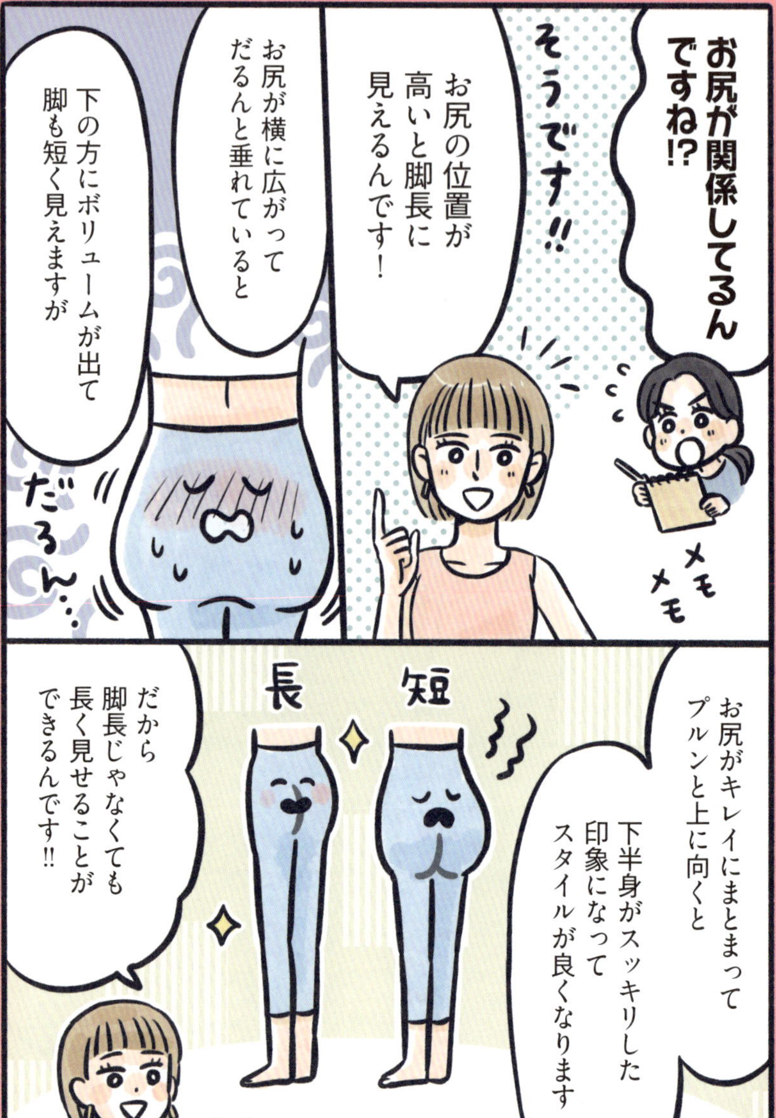
お尻が関係してるんですね!?
そうです!!
お尻の位置が高いと脚長に見えるんです！
メモメモ
お尻が横に広がってだるんと垂れていると
下の方にボリュームが出て脚も短く見えますが
だるん…
お尻がキレイにまとまってプルンと上に向くと
下半身がスッキリした印象になってスタイルが良くなります
短
長
だから脚長じゃなくても長く見せることができるんです!!

そうだったんですか…
ごめんなさい
でもそのキレイなお尻になるにはさぞかしキッツーいトレーニングが必要なんでしょう？
う〜ん
例えばこれとか？
パカ
パカ
ほぼ涅《ね》槃《はん》仏《ぶつ》じゃん!!
こんなので本当にプルンとしたお尻が手に入るんですか!?
パカ
ポイントを押さえれば大丈夫です！
「お尻のどこを意識するか」に注目してやってみましょう！

次ページからふわトレッチ・スタート！

股関節＆お尻ストレッチ

お尻のふわトレッチ❶

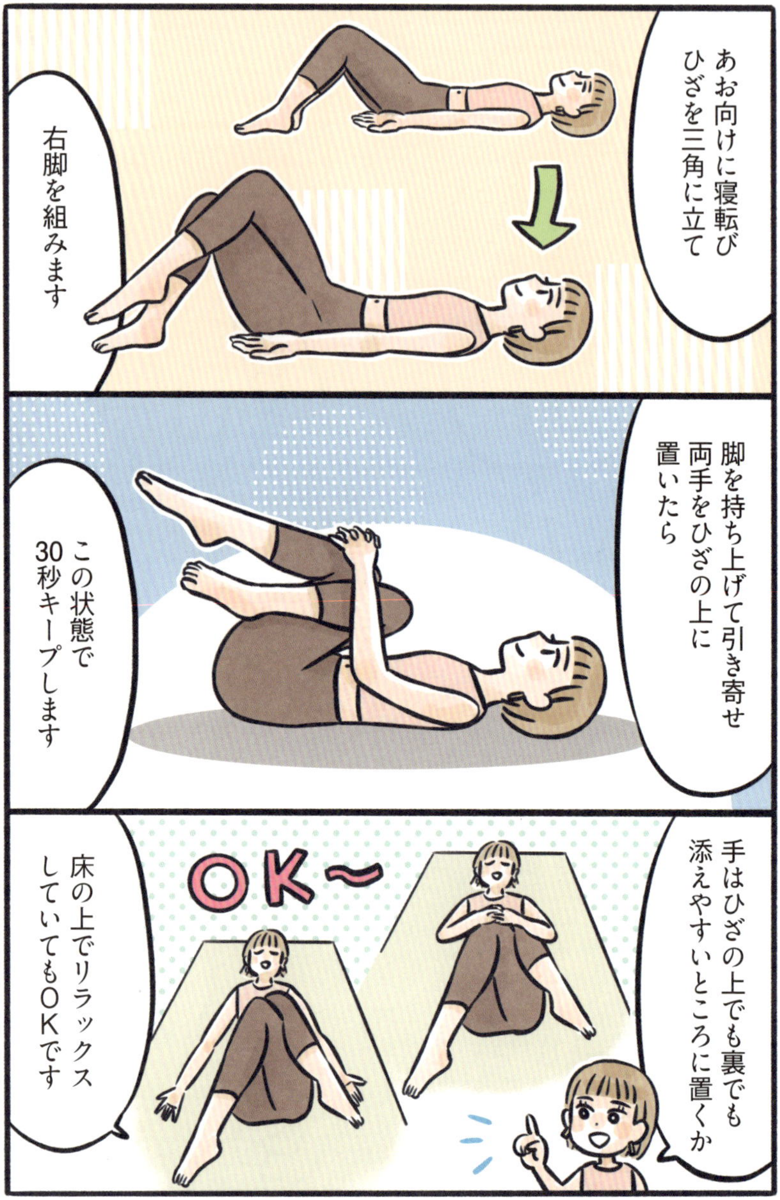

図解➜p.56

やってみて！ ➜56ページへ！

股関節ツイスト

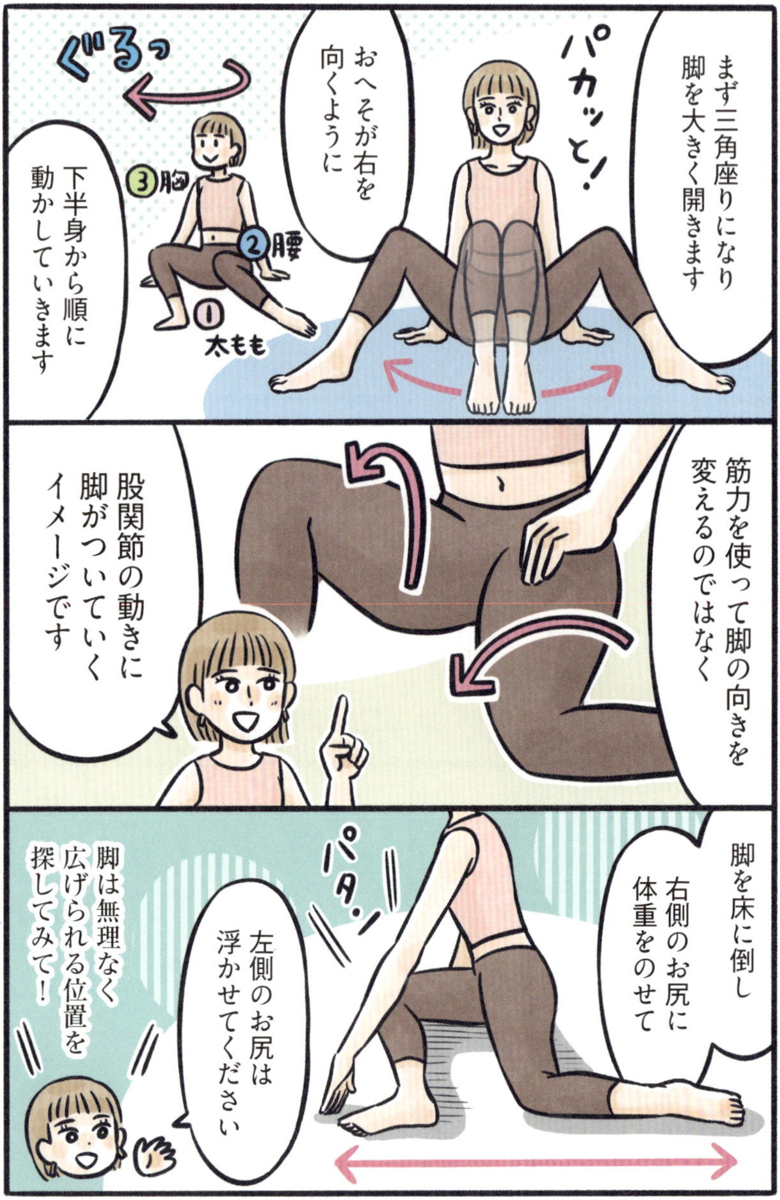
まず三角座りになり脚を大きく開きます
パカッと！
おへそが右を向くように
ぐるっ
下半身から順に動かしていきます
③胸
②腰
①太もも
筋力を使って脚の向きを変えるのではなく
股関節の動きに脚がついていくイメージです
脚を床に倒し右側のお尻に体重をのせて
パタン
左側のお尻は浮かせてください
脚は無理なく広げられる位置を探してみて！

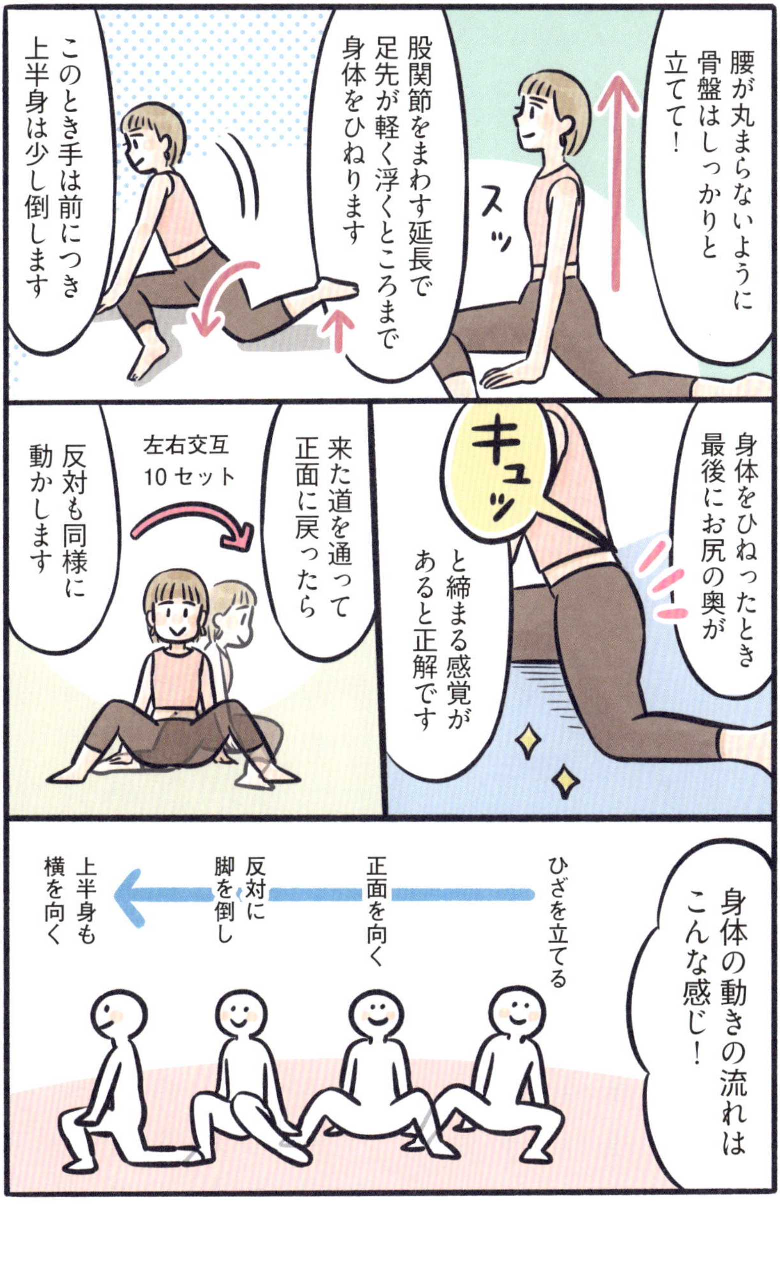
腰が丸まらないように骨盤はしっかりと立てて！
スッ
股関節をまわす延長で足先が軽く浮くところまで身体をひねります
このとき手は前につき上半身は少し倒します
身体をひねったとき最後にお尻の奥が
キュッ
と締まる感覚があると正解です
来た道を通って正面に戻ったら
左右交互
10セット
反対も同様に動かします
身体の動きの流れはこんな感じ！
ひざを立てる
正面を向く
反対に脚を倒し
上半身も横を向く

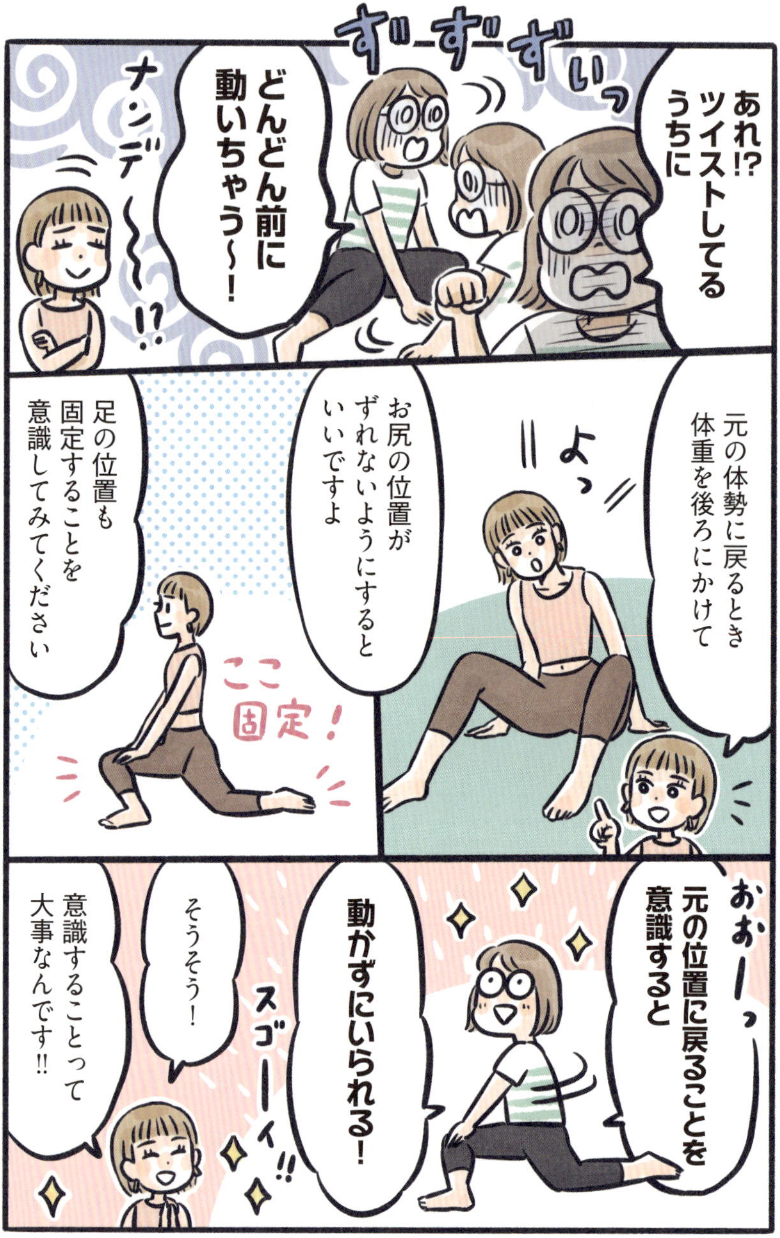
ずーずーずいっ
あれ!? ツイストしてるうちに
どんどん前に動いちゃう〜!
ナンデ〜〜!?
元の体勢に戻るとき体重を後ろにかけて
よっ
お尻の位置がずれないようにするといいですよ
ここ固定!
足の位置も固定することを意識してみてください
おおーっ
元の位置に戻ることを意識すると
動かずにいられる!
スゴーイ!!
そうそう!
意識することって大事なんです!!

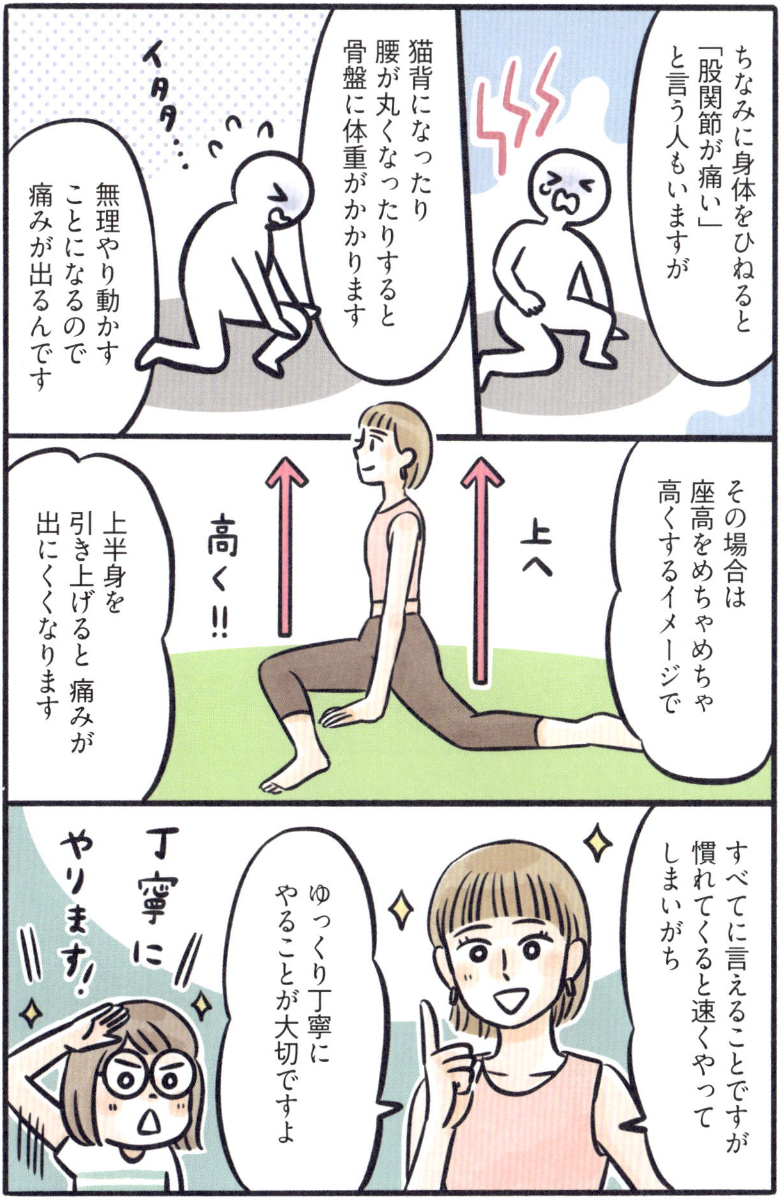
ちなみに身体をひねると「股関節が痛い」と言う人もいますが
猫背になったり腰が丸くなったりすると骨盤に体重がかかります
イタタ…
無理やり動かすことになるので痛みが出るんです
その場合は座高をめちゃめちゃ高くするイメージで
上へ
高く!!
上半身を引き上げると 痛みが出にくくなります
すべてに言えることですが慣れてくると速くやってしまいがち
ゆっくり丁寧にやることが大切ですよ
丁寧にやります！

やってみて！

➜58ページへ！

横寝ひざパカ

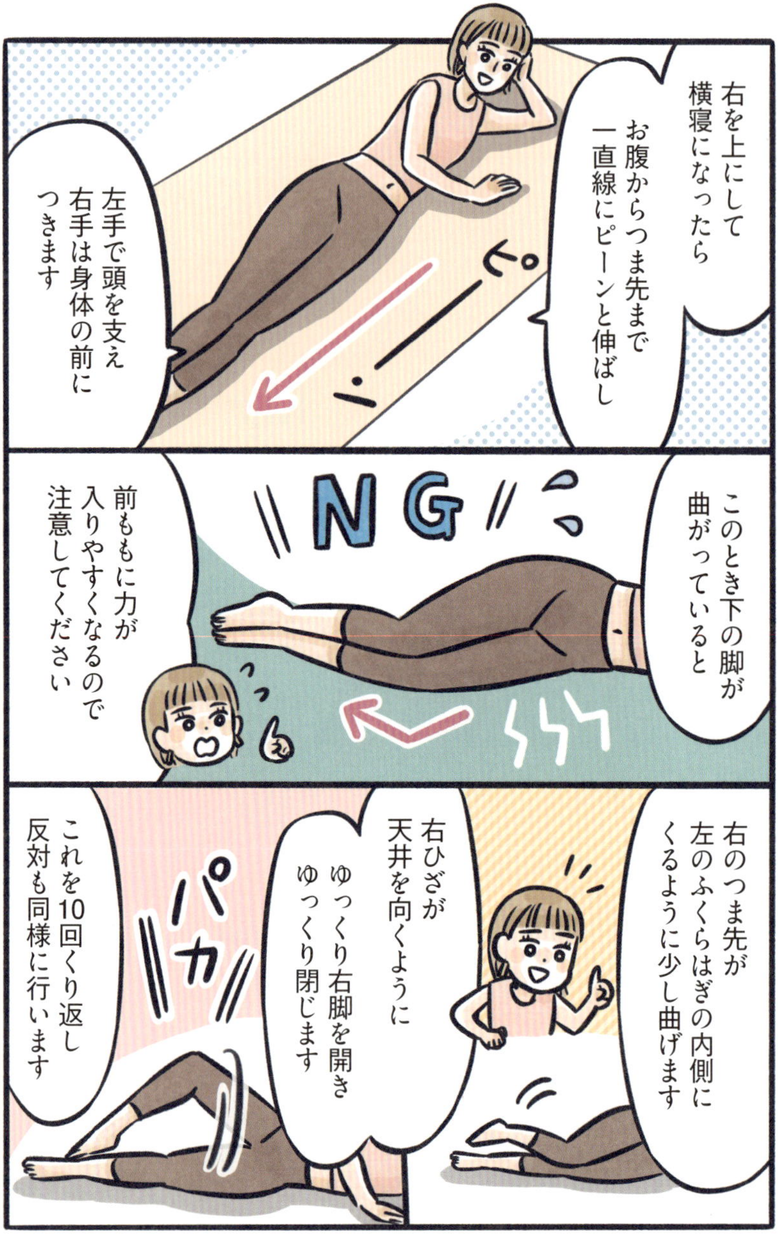
右を上にして
横寝になったら
お腹からつま先まで
一直線にピーンと伸ばし
左手で頭を支え
右手は身体の前に
つきます
このとき下の脚が
曲がっていると
NG
前ももに力が
入りやすくなるので
注意してください
右のつま先が
左のふくらはぎの内側に
くるように少し曲げます
右ひざが
天井を向くように
ゆっくり右脚を開き
ゆっくり閉じます
パカ
これを10回くり返し
反対も同様に行います

図解➡p.60

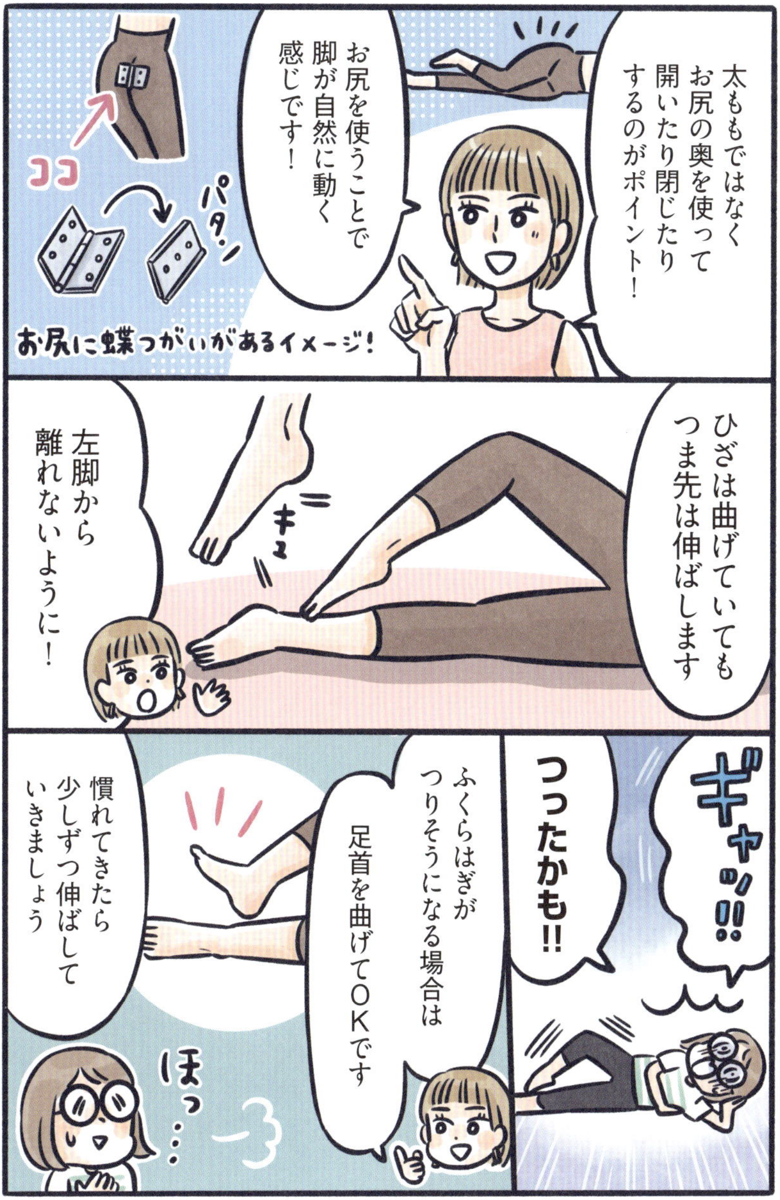
太ももではなく お尻の奥を使って 開いたり閉じたり するのがポイント！
お尻を使うことで 脚が自然に動く 感じです！
ココ
パタン
お尻に蝶つがいがあるイメージ！
ひざは曲げていても つま先は伸ばします
キュ
左脚から 離れないように！
ギャッ!!
つったかも!!
ふくらはぎが つりそうになる場合は
足首を曲げてOKです
慣れてきたら 少しずつ伸ばして いきましょう
ほっ…

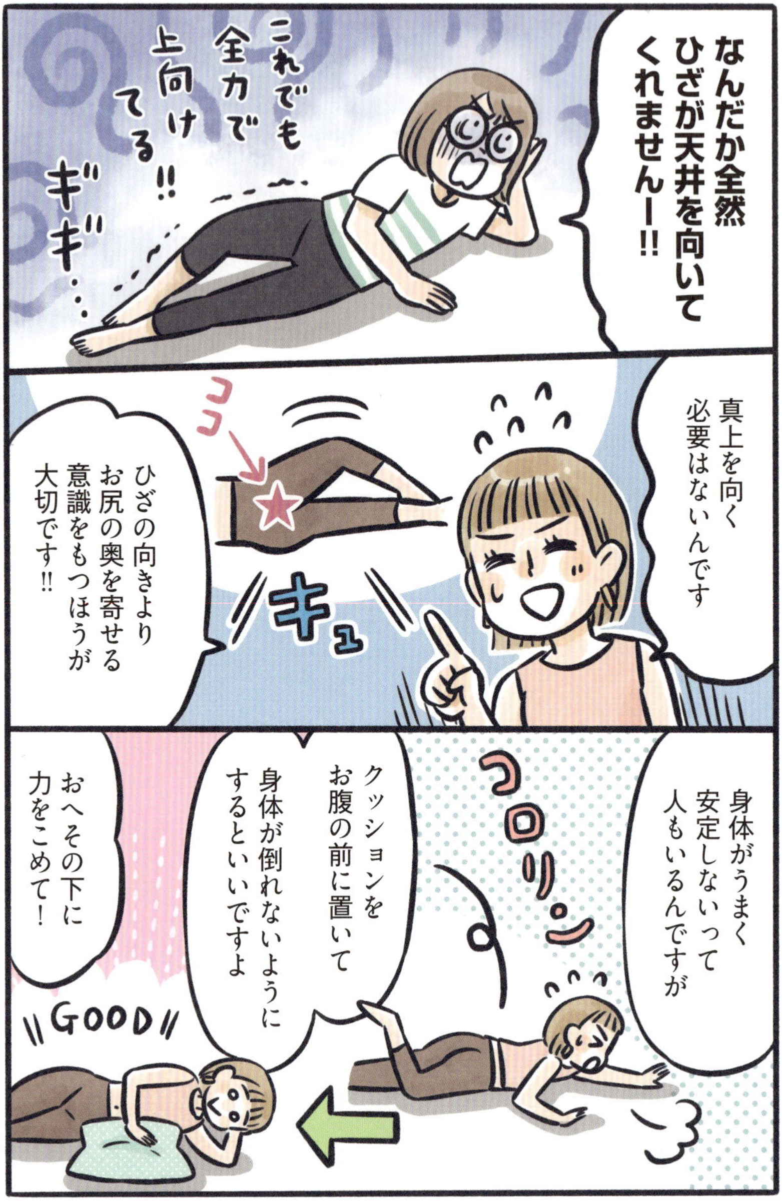
なんだか全然
ひざが天井を向いて
くれませんー!!
これでも全力で上向けてる!!
ギギ…
真上を向く
必要はないんです
ココ
ひざの向きより
お尻の奥を寄せる
意識をもつほうが
大切です!!
キュ
身体がうまく
安定しないって
人もいるんですが
コロリン
クッションを
お腹の前に置いて
身体が倒れないように
するといいですよ
おへその下に
力をこめて!
GOOD

図解➜p.60

やってみて！ ➜60ページへ！

裏ももクロス

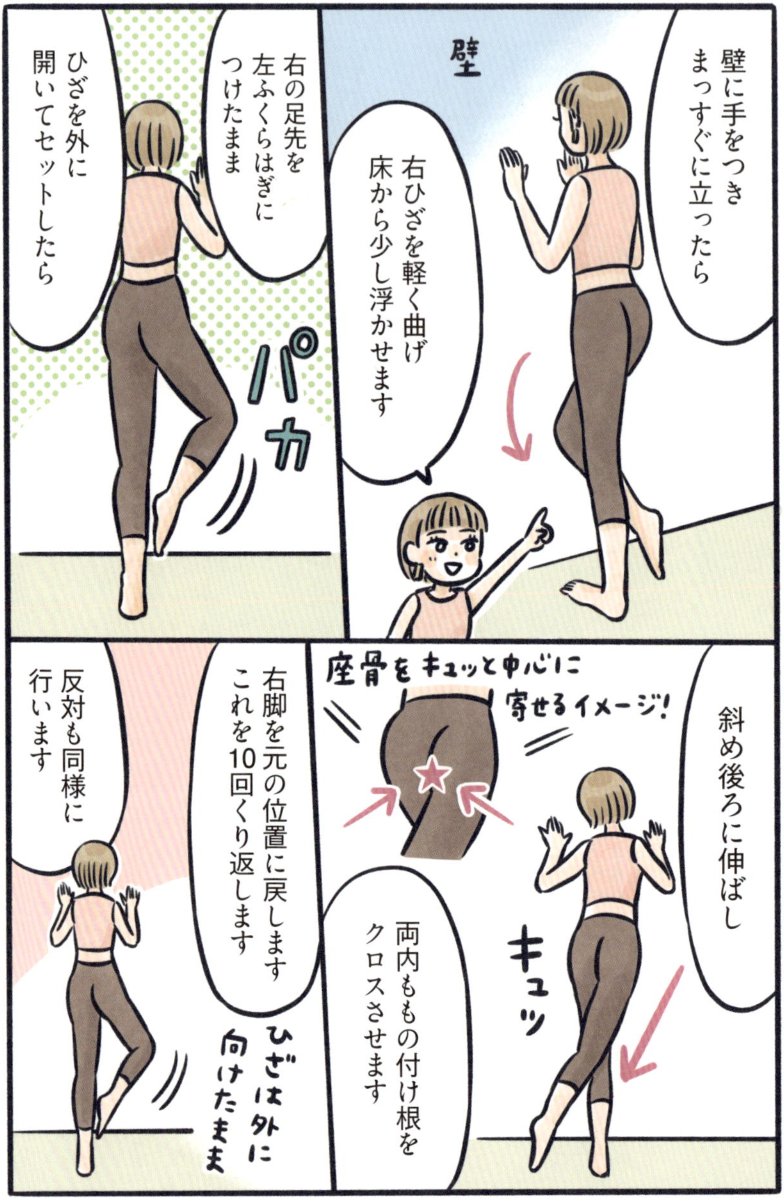
壁に手をつき まっすぐに立ったら
壁
右ひざを軽く曲げ 床から少し浮かせます
右の足先を左ふくらはぎにつけたまま
ひざを外に開いてセットしたら
パカ
斜め後ろに伸ばし
座骨をキュッと中心に寄せるイメージ!
キュッ
両内ももの付け根をクロスさせます
右脚を元の位置に戻します これを10回くり返します
反対も同様に行います
ひざは外に向けたまま

図解➡p.62

ひざを伸ばすときに身体が動いてまわってしまうと
あれー？
くるん
NG…
お尻に全然効かないので気をつけて！
おへその向きは変えず
おへそ
壁
なるべく壁に向けたままにしましょう
私まわっちゃってたかも！
くるっ
どおりで効かないはずだ〜
おへそ
おへその向きやどこに力を入れるかをしっかり確認するのもポイントです！

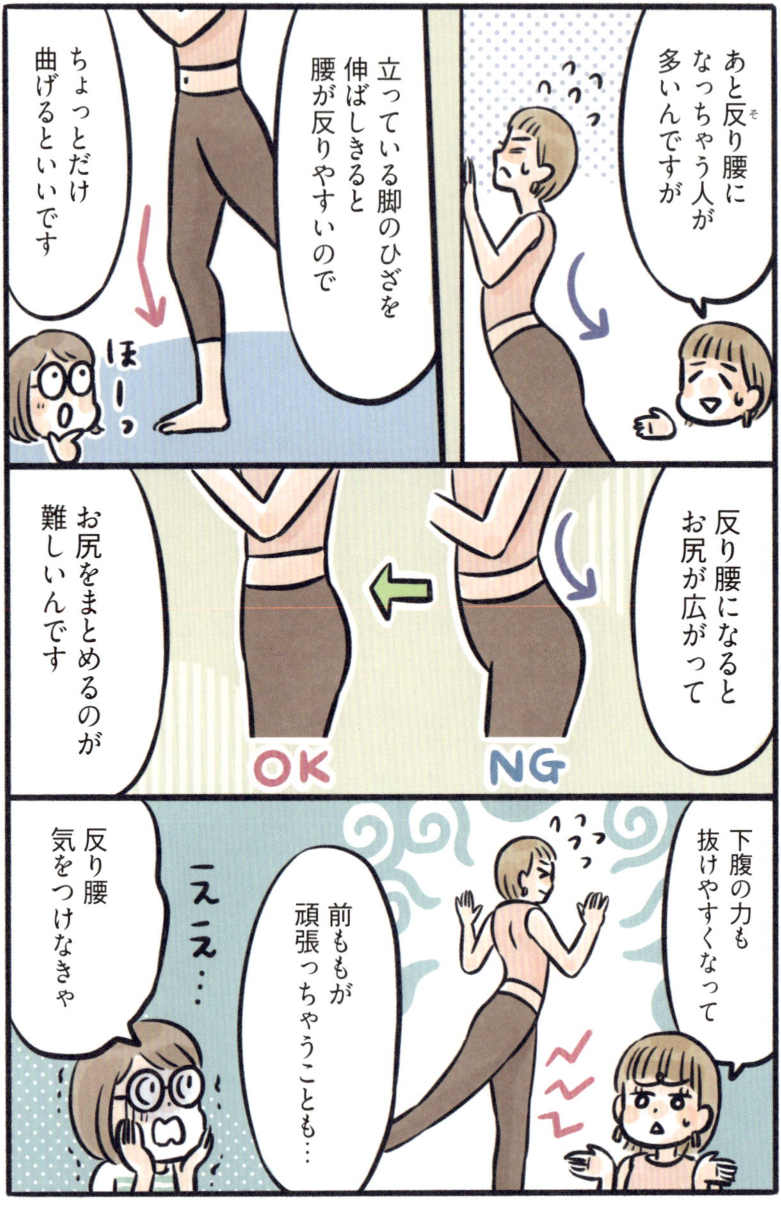
あと反《そ》り腰に
なっちゃう人が
多いんですが
立っている脚のひざを
伸ばしきると
腰が反りやすいので
ちょっとだけ
曲げるといいです
ほーっ
反り腰になると
お尻が広がって
NG
OK
お尻をまとめるのが
難しいんです
下腹の力も
抜けやすくなって
前ももが
頑張っちゃうことも…
ええ…
反り腰
気をつけなきゃ

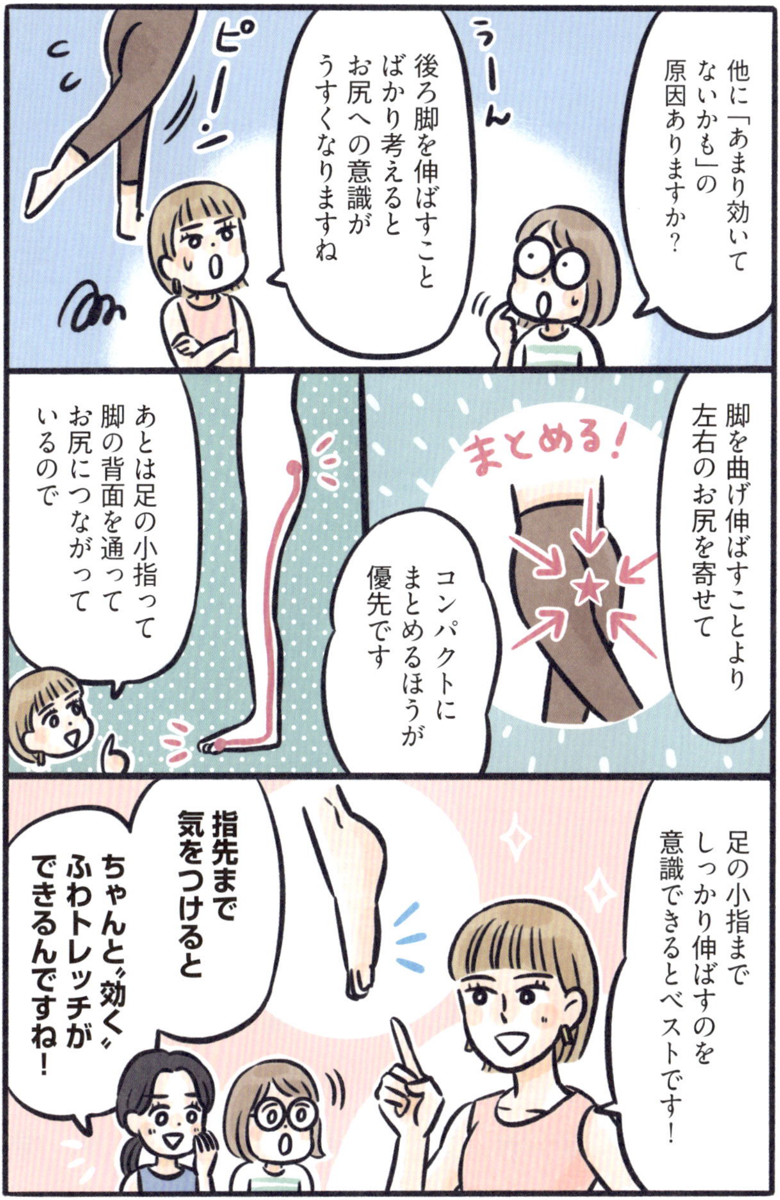

やってみて！ ➔62ページへ！

ぐ〜たらしたい度
MAX

…でもやれる！

股関節&お尻ストレッチ

ここに効く！

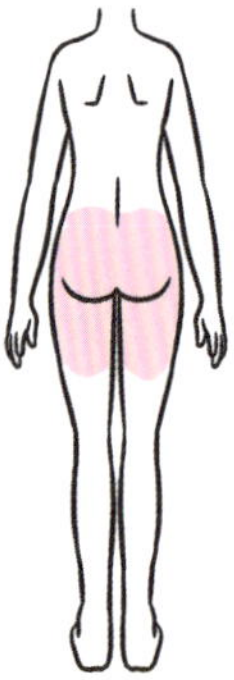

左右
30秒ずつ
×
1セット

1

あお向けに寝転ぶ。ひざを三角に立て右脚を組む。

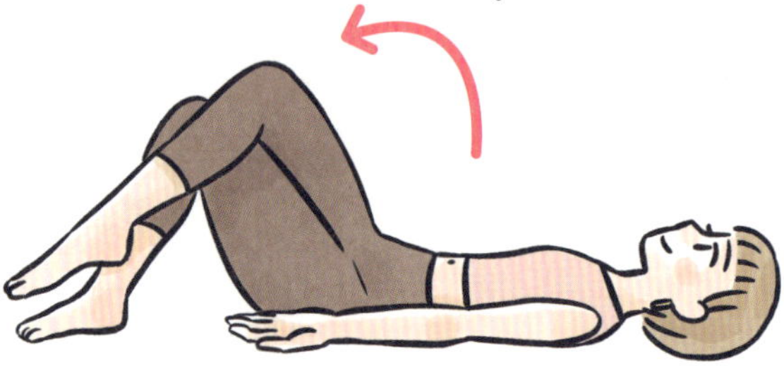

2

両脚を持ち上げて引き寄せる。

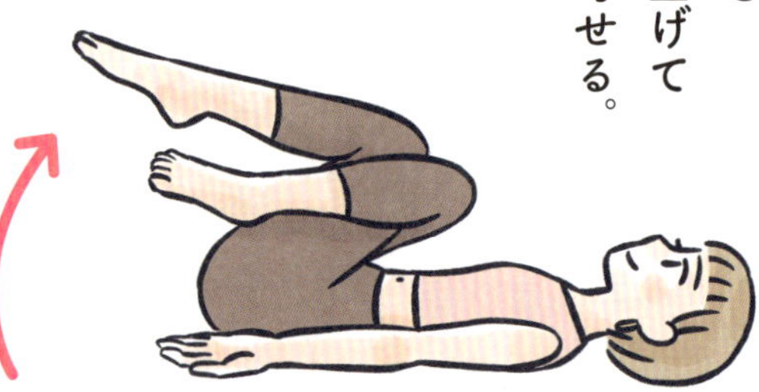

マンガ➔p.42

3

両手をひざの上に置き
30秒キープ。
左脚も同様に行う。

手でぐいぐい引き寄せず
リラックス
30秒
キープ

【真上角度】

股関節ツイスト

ぐ〜たらしたい度

高

…でもやれる!

1

三角座りから両脚を大きく開く。

腰が丸まらないよう骨盤を立てる

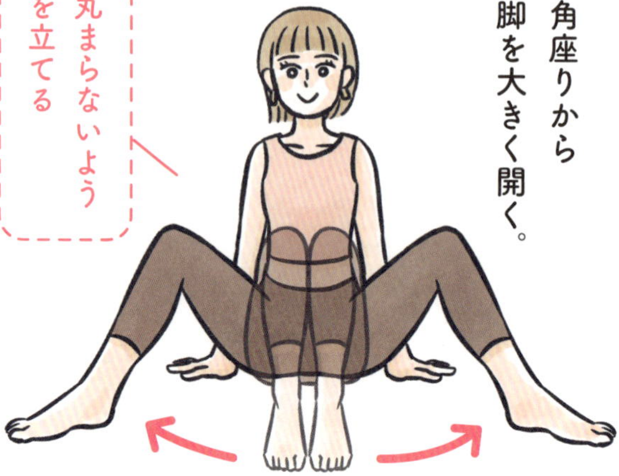

2

両ひざを右に倒す。脚に合わせて上半身も右にまわす。

下半身の動きに上半身がついていくイメージ

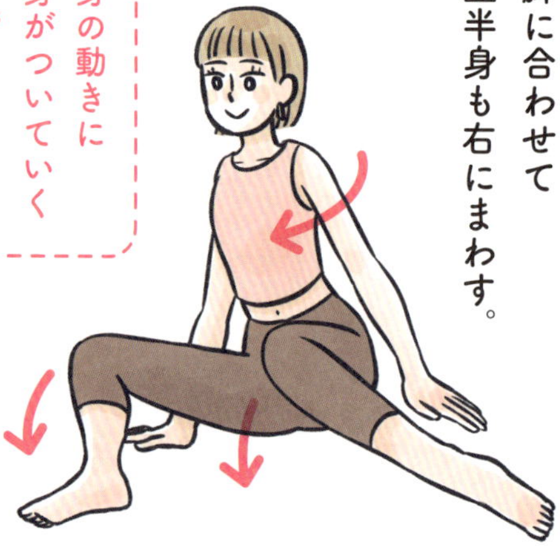

ここに効く!

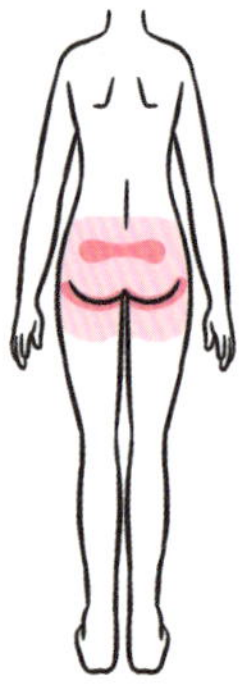

左右1回ずつ×10セット

3

おへそが
右を向くまで
身体をひねる。
腰を立て
体重はお尻の
右側にのせる。

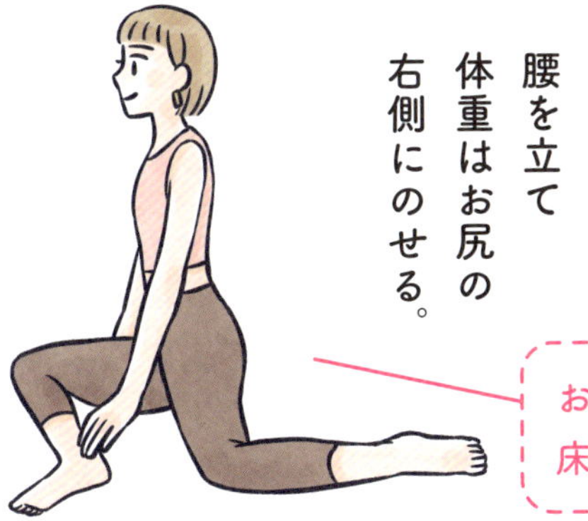
足の位置は無理のないよう調整
お尻の左側は床から浮かせる

4

手を床につき
上半身を
さらにひねって
やや前に倒す。
左の足先が
少し浮くまで。

お尻の奥にキュッと刺激を感じたらOK

5

来た道を通って
正面に戻り
左側も同様に行う。
左右交互に
10セットくり返す。

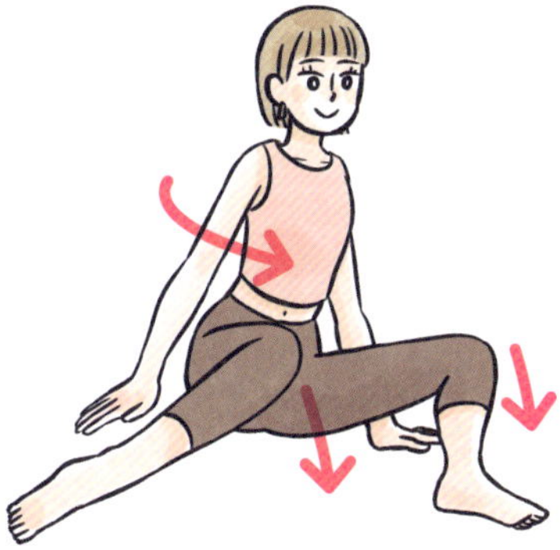

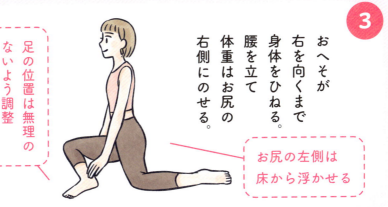

ぐ〜たらしたい度

中

…な時にピッタリ!

横寝ひざパカ

ここに効く!

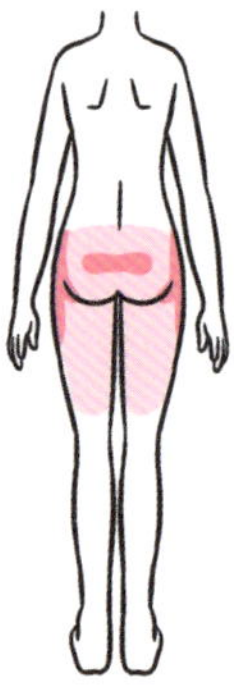

左右
10回ずつ
×
1セット

1

右上・左下の
横寝になり
全身をまっすぐに。
左手で頭を支え
右手は身体の
前につく。

2

右ひざを
少し曲げる。
右つま先が
左ふくらはぎの
内側にくるように。

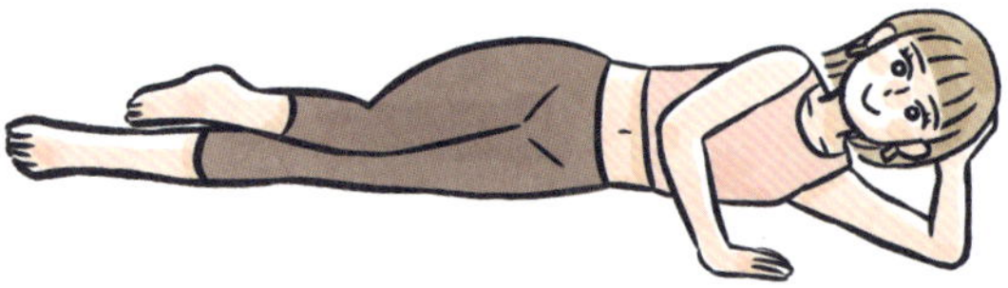

マンガ➜p.48

3

右ひざが天井を向くよう
ゆっくり右脚を開く。

右のつま先を伸ばし
左脚から離れないように

お尻の奥に力をこめると
開きやすい

4

右脚をゆっくり閉じる。
❸❹を10回くり返し
左脚も同様に行う。

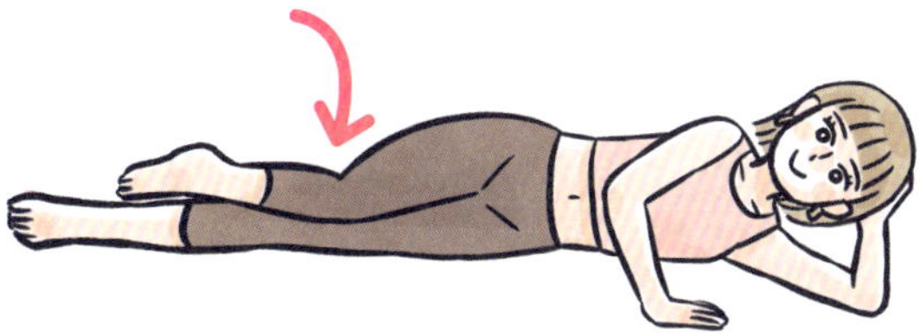

脚の重さでパタン！と
閉じないように

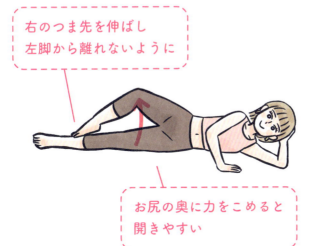

ぐ〜たらしたい度

低

…今こそトライ!

裏ももクロス

ここに効く!

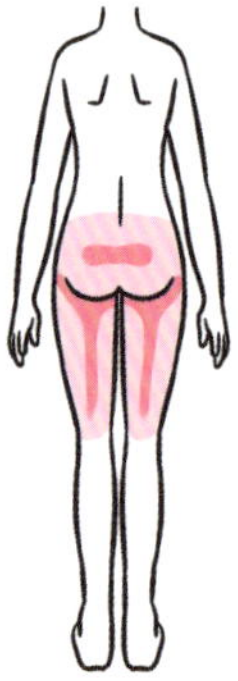

**左右
10回ずつ
×
1セット**

1

壁に両手をついて立つ。
右ひざを軽く曲げ
つま先を少し浮かせる。

【横角度】

2

右ひざを外側に開く。
右のつま先は
左ふくらはぎにつけたまま。

左右のお尻をキュッと
寄せるイメージ

3

右脚を斜め後ろに伸ばす。

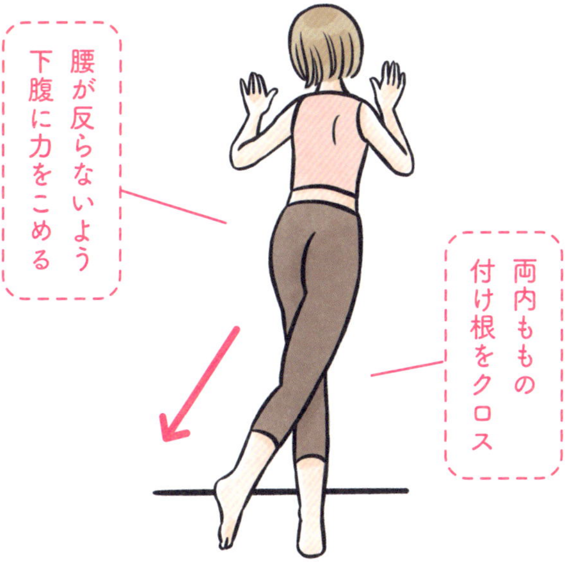
腰が反らないよう下腹に力をこめる
両内ももの付け根をクロス

4

右脚を❷の位置に戻す。❷❸を10回くり返し左脚も同様に行う。

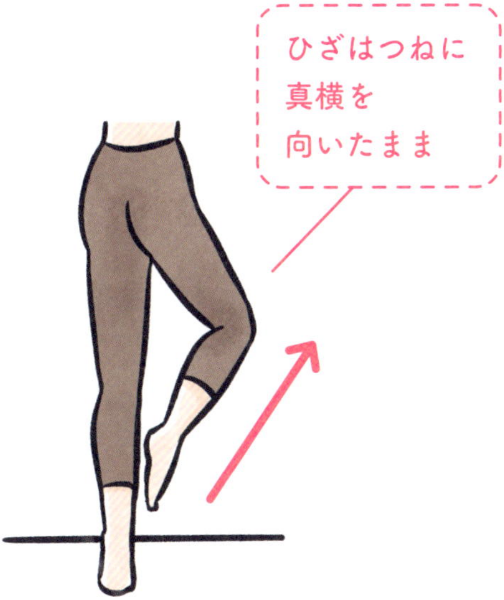
ひざはつねに真横を向いたまま

ちぴログ　ちぴ先生からのアドバイス

Oyakusoku　Okite1　Okite2　Okite3　Ohmachigai

ふわトレッチ 3つのお約束

1. 呼吸を止めない

呼吸が浅くなったり一時的に止まったりすると
身体が緊張してしまい、動かしたい部位を上手に使うことができません。
呼吸の方法については、マンガや図解の中でお伝えしていますので
参考にしてください。
ただし、吸うと吐くが逆になっても心配ご無用。
こまかいことは気にせず、呼吸をし続けることを意識しましょう。

2. 最小限の力で

ふわトレッチの最大の目的は
身体の奥にあるインナーマッスルを動かすこと。
余計な力がかかると
身体の表面のアウターマッスルばかりを使ってしまい
奥まで刺激が届きません。
勢いをつけ過ぎず、小さな力で、いけるところまで。
骨や関節をやさしく動かすイメージで実践しましょう。

3. 急がずゆっくり丁寧に

ふわトレッチは、筋トレの“動”の要素と
ストレッチの“静”の要素を組み合わせて作られています。
急いで身体を動かすと、一つ一つの動作が雑になり
ふわトレッチの効果を十分に得ることができません。
身体を動かす際はていねいに。
ポーズをキープする際はじっくり時間をかけて。
焦らず、ゆったりした気持ちで行いましょう。

CHIPILOG

ちぴログ　ちぴ先生からのアドバイス

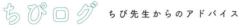

Oyakusoku　Okite1　Okite2　Okite3　Ohmachigai

ぐ～たら女子的 美ボディメイクの掟 その1

全部やってはいけません

この本では、6つの部位に対して4つのふわトレッチを紹介しています。
全部合わせると、24種類。
「ふわトレッチの効果をちゃんと得るなら
より多くの種類をやったほうがいいのかな…」
と思われるかもしれませんが、じつは、そんなことはありません。
むしろ、多くの種類・多くの回数やれば結果が出る
と思っていることこそが、大きな落とし穴。
たくさんやろうとすればするほど、無意識に急いでしまって
一つ一つの動きが雑になり、肝心なところに効かせることが難しくなります。

また、身体は1日やれば何かが劇的に変わるわけではないので
ある程度続けていかなければなりません。
運動習慣を身につけたいのであれば
余裕をもってできる量を確実にこなしていくのが、ポイントです。

オススメは、身体の中でいちばん気になっている部位の
ふわトレッチを、1日1種類。
それをひとまず、10日間続けてみてください。
同じものをくり返し行ってもいいですし
その日の「ぐ～たらしたい度」に合わせて決めてもOK。
10日間をクリアできたら、徐々に種類を多くしたり
5セットと言われているところを6セット、7セットと
増やしていってもいいですね。

「全種類クリア」なんて、する必要はありません。
「少しの量だから、ラクラクやれちゃう♪」を目指してくださいね。

CHIPILOG

お腹編

お悩み相談室

「下腹のもっちりをなくしてかわいい服を着たい！」

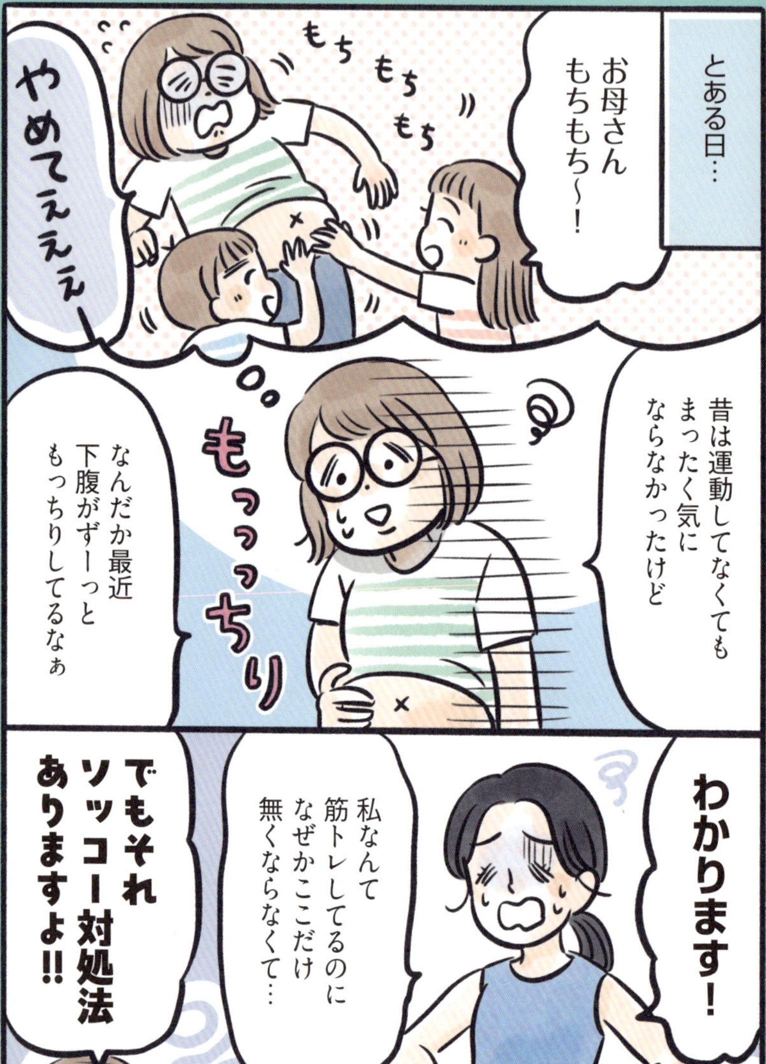

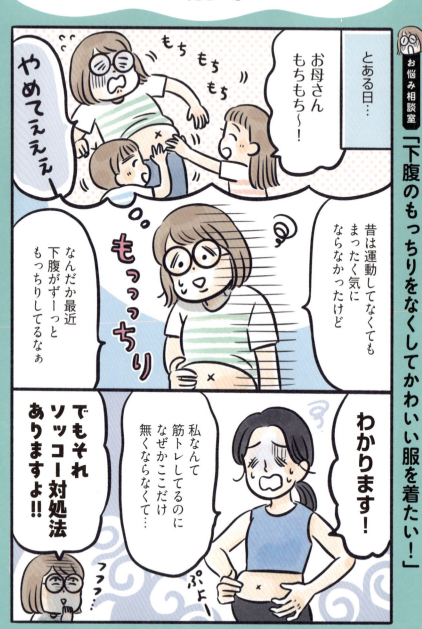

下腹が隠れる服を着ればよいのです！
ドヤァ…
安心感！
…
でもっっ
すっきりインして服着たくないですか!?
そうだよね～そういう着こなしかわいいよねーっ!!
知ってる!!
やはり腹筋を鍛えるしか！
…そもそも腹筋ができない
しーん…
え…
2人とも!!

そのような腹筋運動だとお腹の表面ばかり鍛えられて
くびれも作りにくい!
インナーマッスルが働かず
ペタッとしたスリムなお腹にはならないんです
だからうまくいかなかったのか…
ガーーン
私なんてそもそも腹筋ができないんですけど
筋力ゼロ…
筋力のない人でもできる
お腹やせ効果バツグンのふわトレッチはたくさんあります!
おお!!

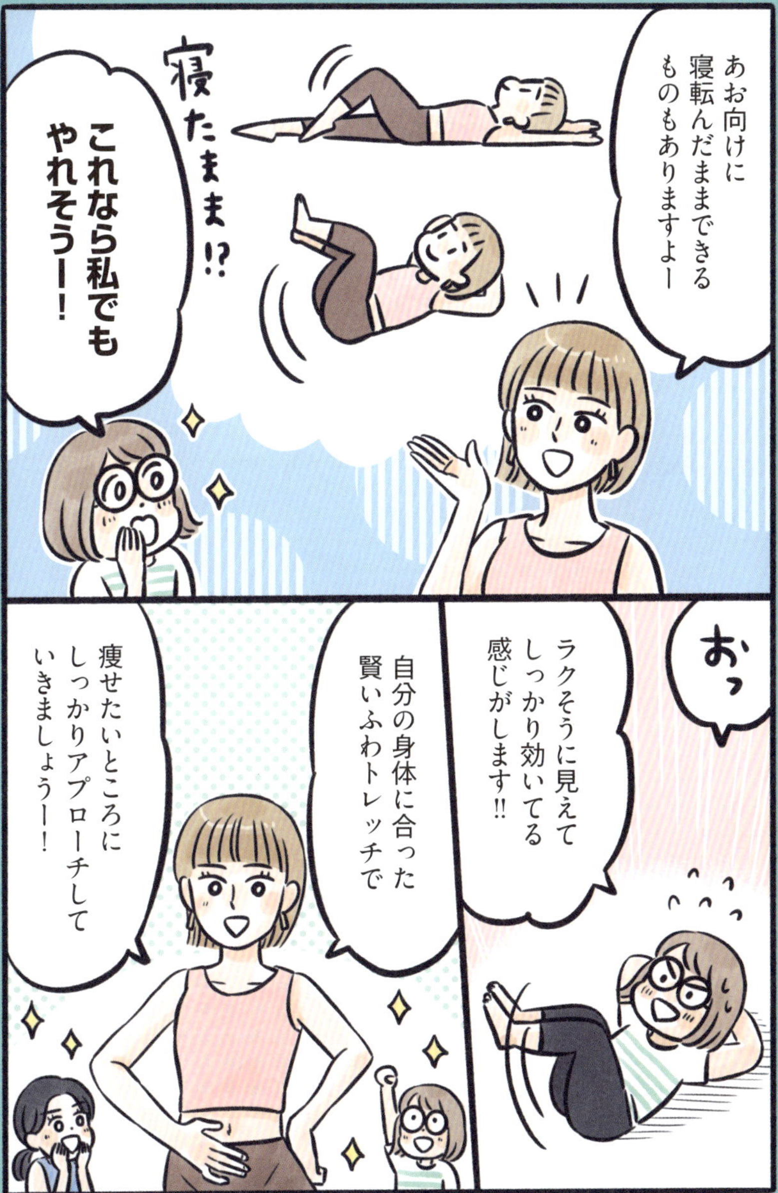
あお向けに寝転んだままできるものもありますよー
寝たまま⁉
これなら私でもやれそうー！
おっ
ラクそうに見えてしっかり効いてる感じがします‼
自分の身体に合った賢いふわトレッチで
痩せたいところにしっかりアプローチしていきましょうー！

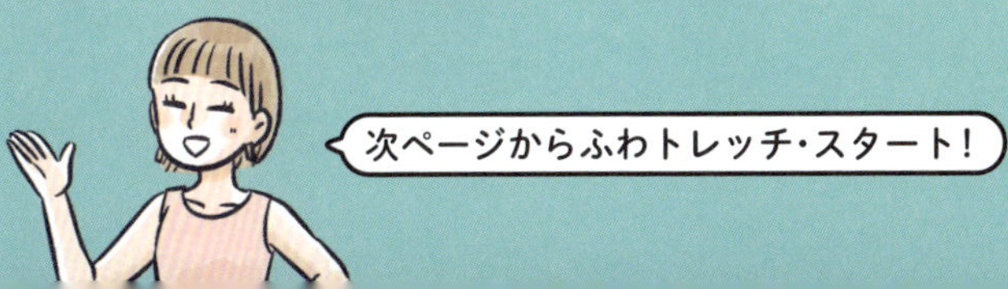
次ページからふわトレッチ・スタート！

あお向けツイスト

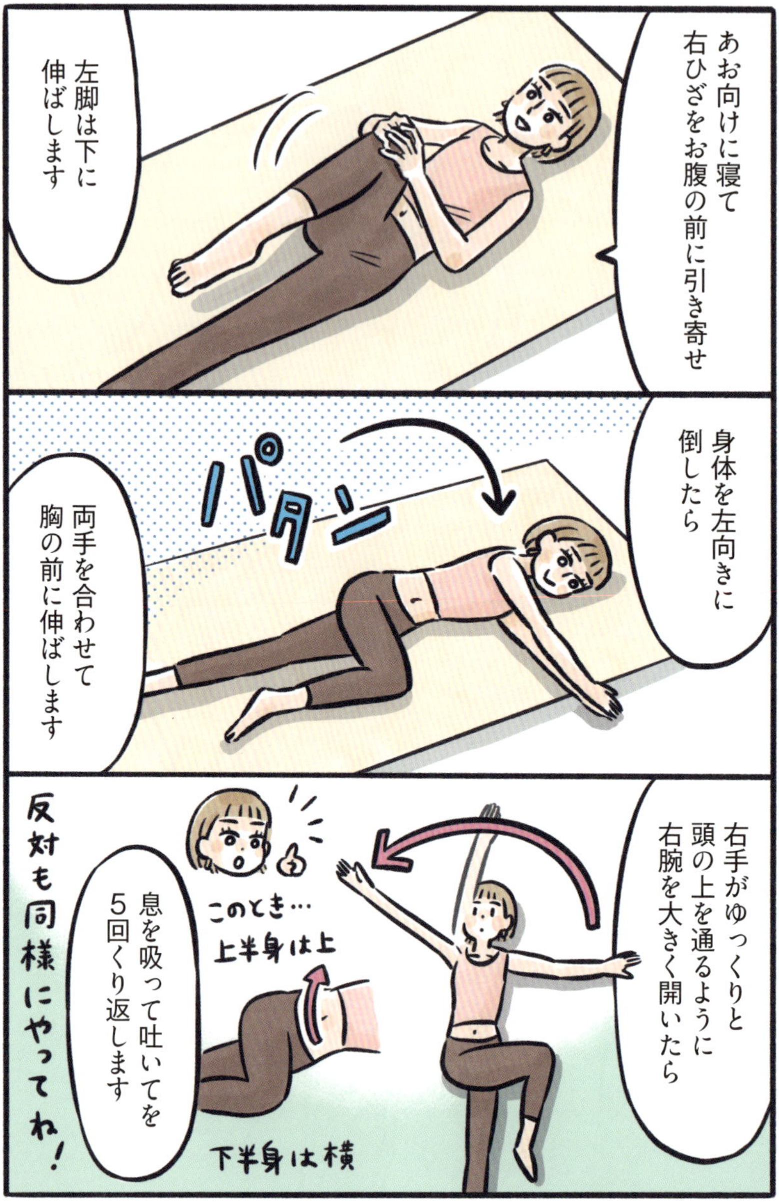
あお向けに寝て
右ひざをお腹の前に引き寄せ
左脚は下に
伸ばします
身体を左向きに
倒したら
パタン
両手を合わせて
胸の前に伸ばします
右手がゆっくりと
頭の上を通るように
右腕を大きく開いたら
このとき…
上半身は上
下半身は横
息を吸って吐いてを
5回くり返します
反対も同様にやってね!

いててて…ちぴ先生!!
肩のあたりがつりそうです!!
ココ
腕は無理に開かず
ゆる――っ
ラクに広げられる角度でOKです
曲げている脚が床から浮くのは問題ないですよ
ひざ下にクッションを置いてもOK!
おー!
身体が安定した♪
お腹の筋肉をゆるめたいので
吸ったときにお腹がふくらみ
スゥ――
ふくらむ
ハァ――
へこむ
吐いたときにお腹が薄くへこんでいくのを毎回意識してくださいね

やってみて！
➜84ページへ！

つま先キック

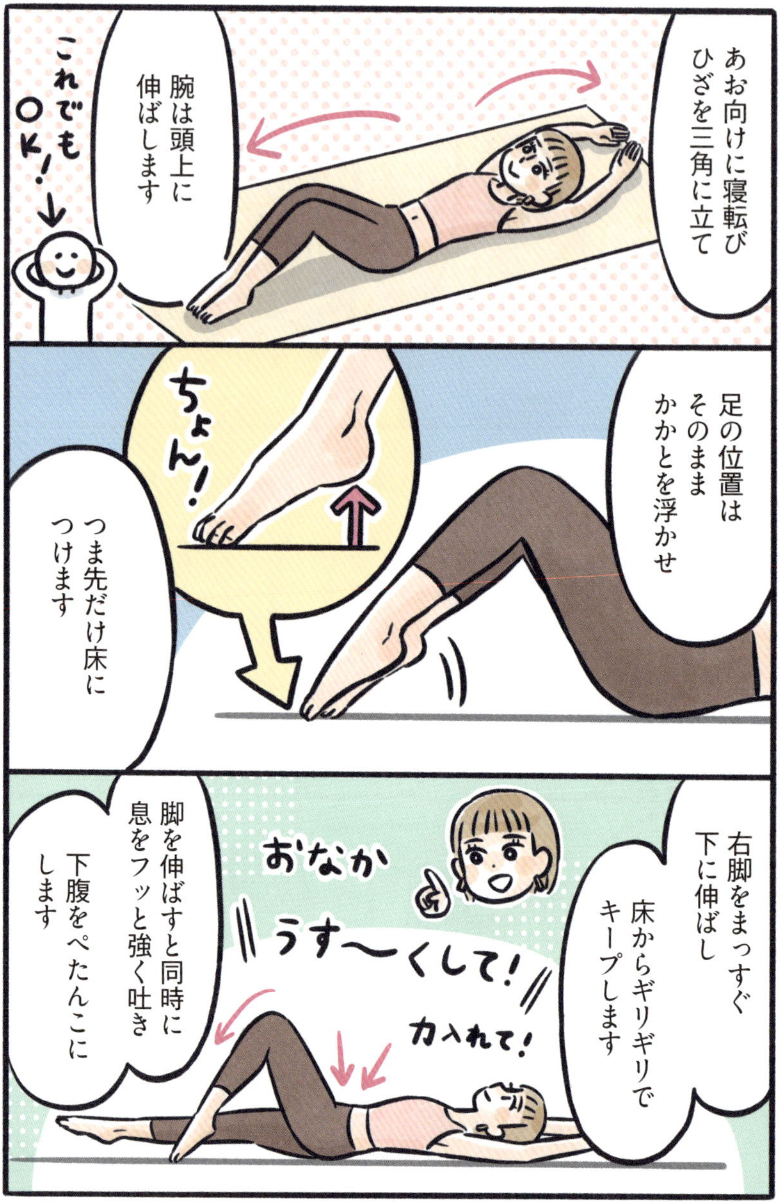
あお向けに寝転び
ひざを三角に立て
腕は頭上に
伸ばします
これでもOK!
足の位置は
そのまま
かかとを浮かせ
ちょん!
つま先だけ床に
つけます
右脚をまっすぐ
下に伸ばし
床からギリギリで
キープします
おなか
うす〜くして!
力入れて!
脚を伸ばすと同時に
息をフッと強く吐き
下腹をぺたんこに
します

右脚を元の位置に戻し
左脚を伸ばします
リズミカルに左右交互に10セット行いましょう
足の先に壁があると思って
つま先で突き刺すようなイメージです！
ドゴォ
ヒィ！
よくある間違いは
曲げた脚をお腹の前まで持ち上げてしまうこと！
お腹の表面が力んでしまって
インナーマッスルに効かないので注意！
曲げる脚のつま先が伸ばしているひざよりも
がんばって床にタッチ！
上にこないようにしてくださいね

つつ…
つま先がつりそう…!!
ビーーンッ
つりそうなときは
NG
OK
指先よりも足の甲を伸ばすことを意識してみて!
あと私 どうしても腰が浮いちゃうんですが…
いててて先生助けて〜
大丈夫ですよー
腰は多少浮いてもOK
フムフム
腰が反りすぎて痛い場合は
お尻の下にクッションを敷いてみてください
ココ

お腹に力を入れると腰が浮きづらくなるので
NG…
OK!!
意識してみてください！
あとは 動きに集中するあまり呼吸が止まりがちなので
フッ
フッ
キックをするたびにフッと息を吐くのを意識してくださいね
たしかに…
動きに気をとられて呼吸を忘れてたかも…
フッ
フッ
息を止めないこともふわトレッチの大切なポイントですよ！

やってみて！

➜86ページへ！

ひざローリング

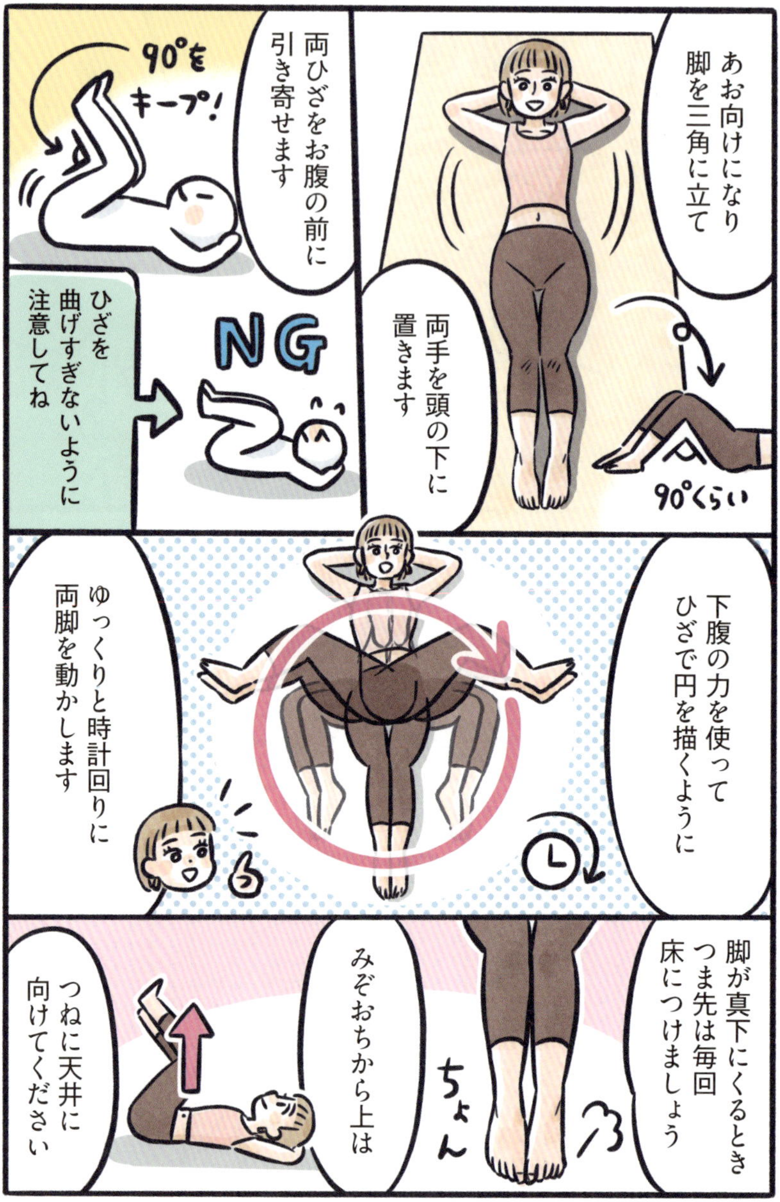
あお向けになり
脚を三角に立て
90°くらい
両手を頭の下に
置きます
両ひざをお腹の前に
引き寄せます
90°を
キープ！
ひざを
曲げすぎないように
注意してね
NG
下腹の力を使って
ひざで円を描くように
ゆっくりと時計回りに
両脚を動かします
脚が真下にくるとき
つま先は毎回
床につけましょう
ちょん
みぞおちから上は
つねに天井に
向けてください

図解➜p.88

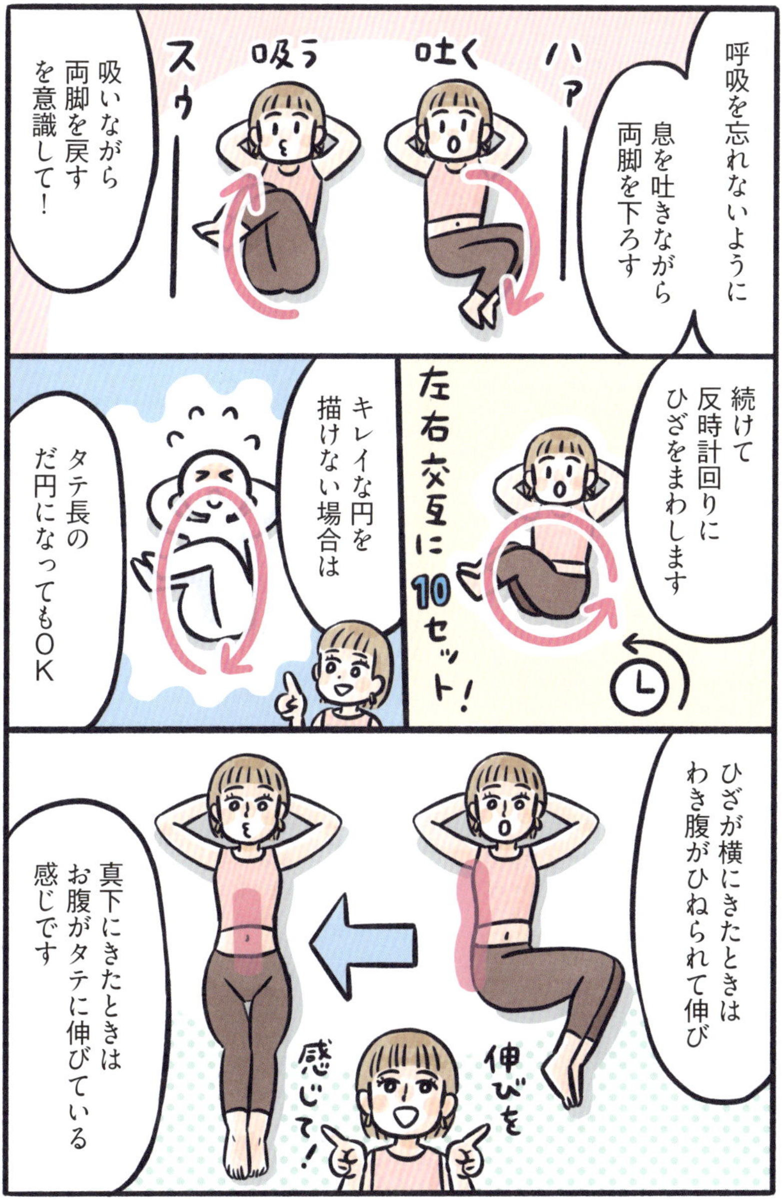
呼吸を忘れないように
息を吐きながら
両脚を下ろす
ハァー
吐く
吸う
スゥー
吸いながら
両脚を戻す
を意識して！
続けて
反時計回りに
ひざをまわします
左右交互に10セット！
キレイな円を
描けない場合は
タテ長の
だ円になってもOK
ひざが横にきたときは
わき腹がひねられて伸び
伸びを感じて！
真下にきたときは
お腹がタテに伸びている
感じです

身体がどんどん移動しちゃうことがあるのですが
ぐっ
重めのイスや机
その場合は頭の上でイスや机の脚をつかむといいですよ
両方の内ももと内ひざは
ピタッ
なるべくくっつけたまままわしましょう!
これも腰が浮いて痛い〜
つま先キックと同じく…
これも腰の下にクッションを敷くとラクになりますよ
おーっ
クッションが一つあると便利ですね!!

やってみて！ →88ページへ！

四つん這い体幹トレーニング

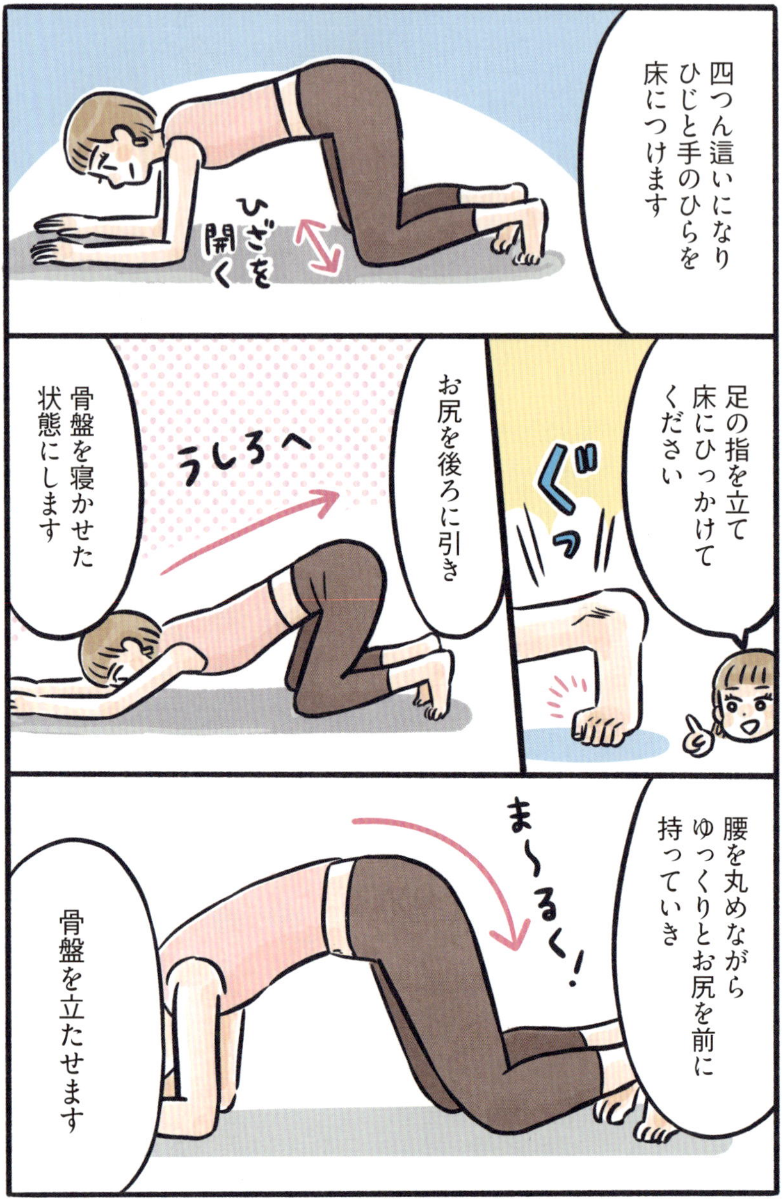

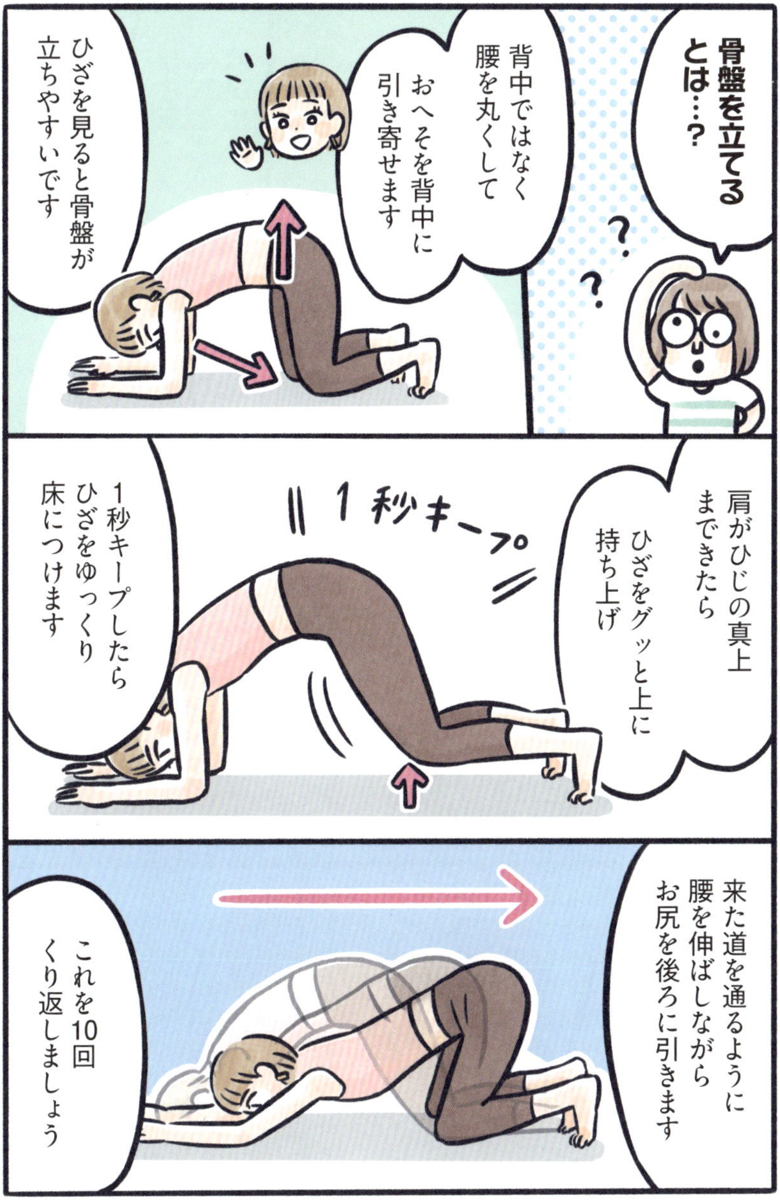
骨盤を立てるとは…？
背中ではなく腰を丸くして おへそを背中に引き寄せます
ひざを見ると骨盤が立ちやすいです
肩がひじの真上まできたら ひざをグッと上に持ち上げ
1秒キープ
1秒キープしたら ひざをゆっくり床につけます
来た道を通るように 腰を伸ばしながら お尻を後ろに引きます
これを10回 くり返しましょう

いたたた
ひざを持ち上げると腕が!!
脚の力だけで身体を持ち上げているかも…
ひじと手のひらでもしっかり床を押しましょう!
そうしないと肩や腕に
負担が大きくかかってしまうんです
なるほど!
こんなかんじーー?
あっ!
お腹がたれ下がったままやっても意味がないですよ!
たぷ…
え!?

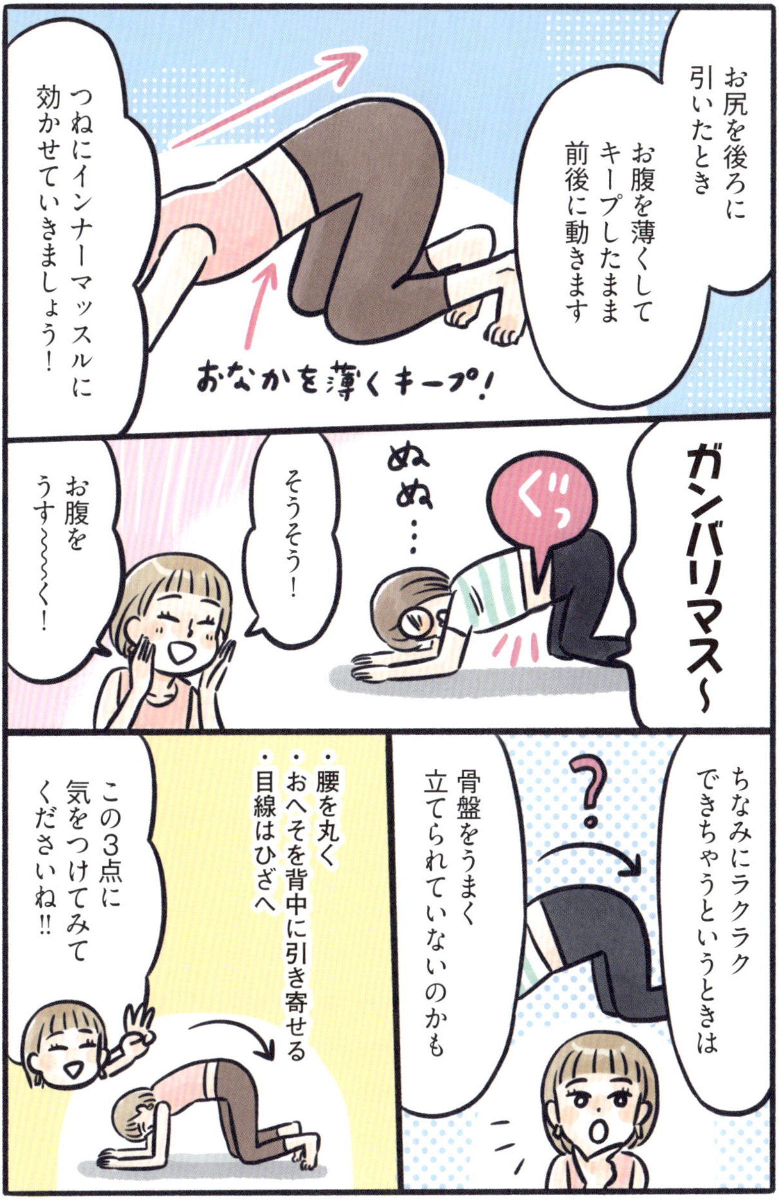

お尻を後ろに引いたとき
お腹を薄くしてキープしたまま前後に動きます
おなかを薄くキープ！
つねにインナーマッスルに効かせていきましょう！
ガンバリマス〜
ぐっ
ぬぬ…
そうそう！
お腹をうす〜〜〜く！
ちなみにラクラクできちゃうというときは
?
骨盤をうまく立てられていないのかも
・腰を丸く
・おへそを背中に引き寄せる
・目線はひざへ
この3点に気をつけてみてくださいね!!

やってみて！

➜90ページへ！

あお向けツイスト

ぐ〜たらしたい度
MAX

…でもやれる!

1

あお向けになり
右ひざを
お腹の前に
引き寄せる。
左脚は
下に伸ばす。

2

身体を
左向きに倒し
両手を合わせて
胸の前に伸ばす。

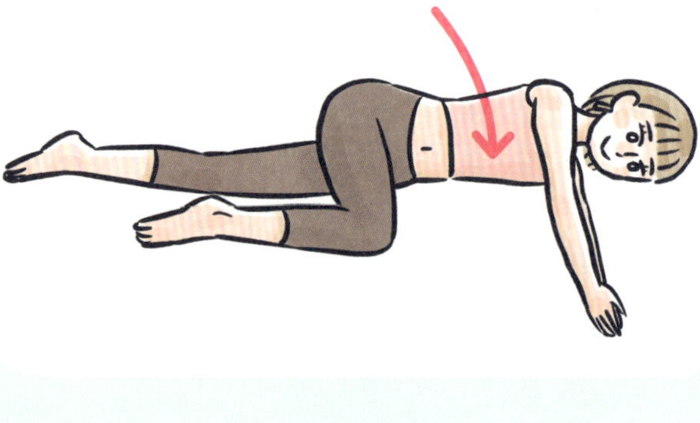

ここに効く!

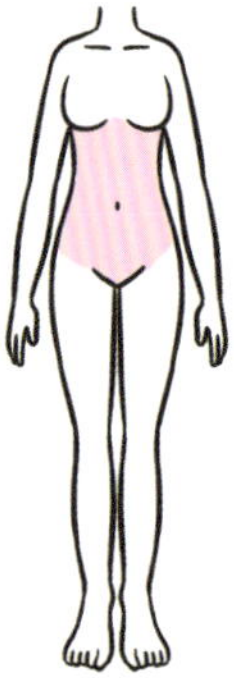

**左右
5呼吸ずつ
×
1セット**

3

右手が頭上を通るように右腕を大きく開く。

下半身は横向き。上半身はあお向けに

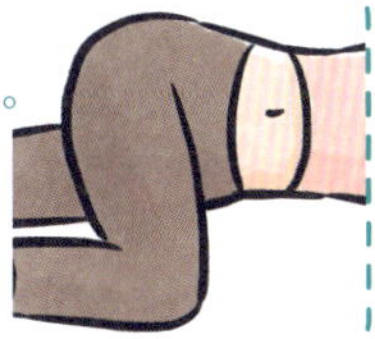

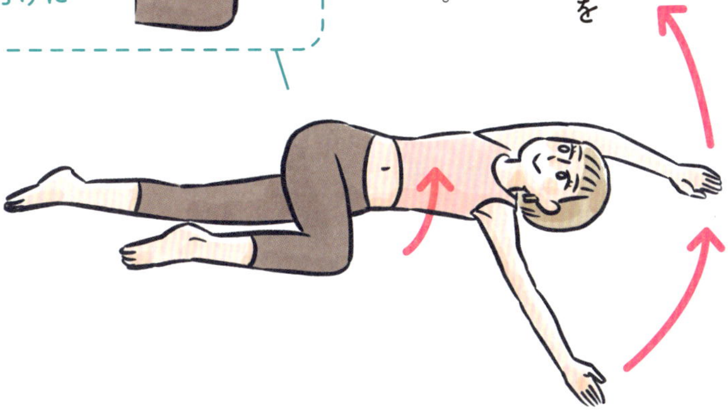

4

大きく息を吸ってお腹をふくらませ息を吐いてお腹をへこませる。この呼吸を5回くり返す。❸❷❶の順であお向けに戻り反対も同様に行う。

腕はラクに広げられる位置でOK

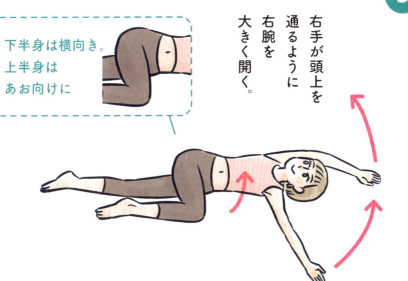

ぐ〜たらしたい度

高
…でもやれる!

つま先キック

ここに効く!

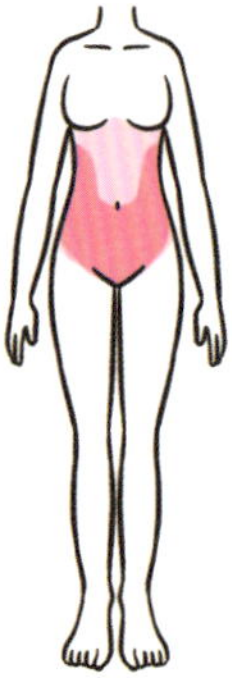

左右
1回ずつ
×
10セット

1

あお向けになり
ひざを三角に立てる。
両腕を
頭上に伸ばす。

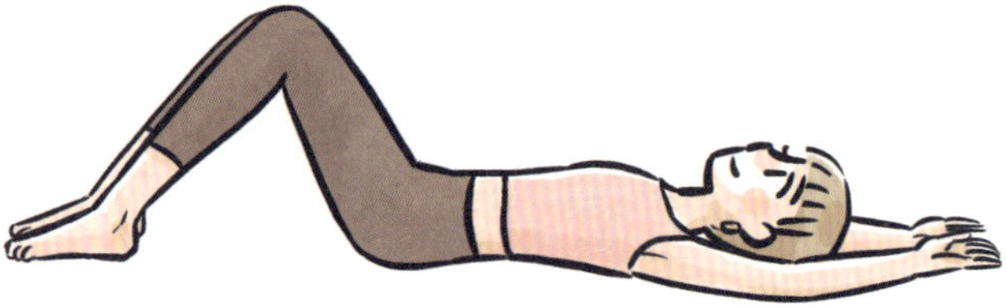

2

脚の位置は
そのままキープ。
かかとを浮かせ
つま先だけ
床につける。

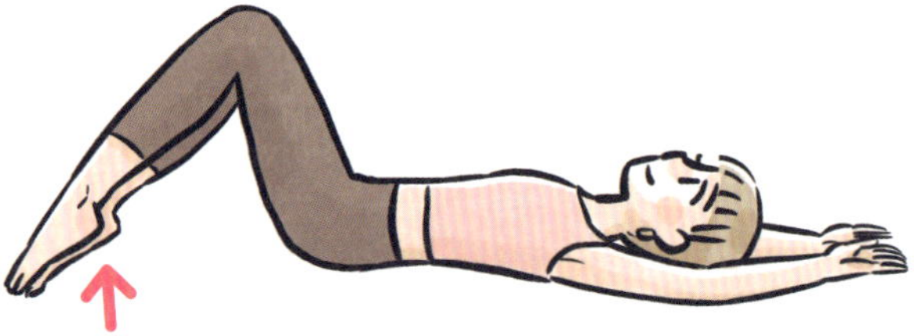

3

息を「フッ！」と吐きながら右脚をまっすぐ下に伸ばす。右つま先は床から少し浮かせる。

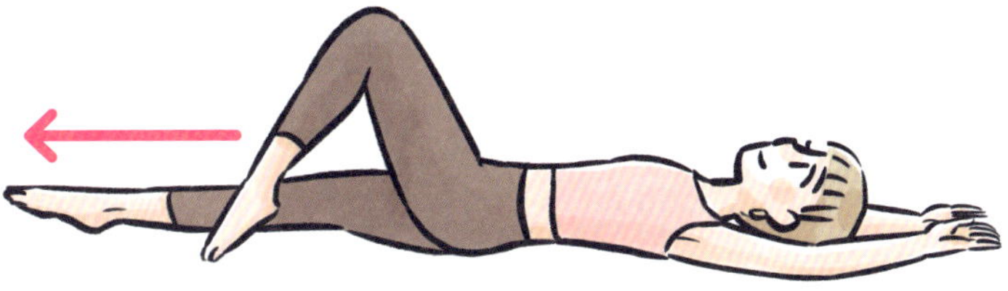

4

息を少し吸ったら再度「フッ！」と吐いて左右の脚を入れ替える。交互に10セットくり返す。

1秒1キックが目安。呼吸に合わせてリズミカルに

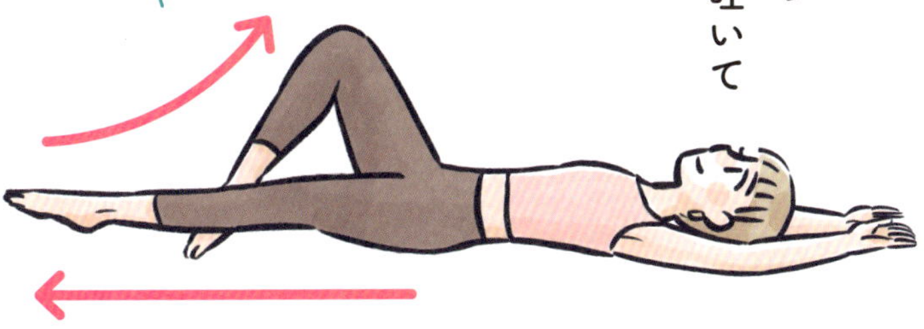

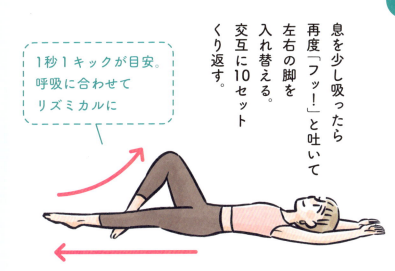

ぐ～たらしたい度

中

…な時にピッタリ!

ひざローリング

ここに効く!

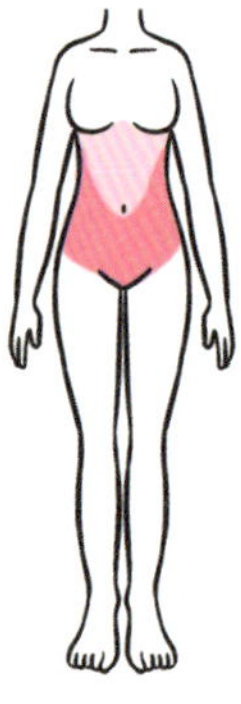

左右1回ずつ×10セット

1

あお向けになりひざを三角に立てる。両手は頭の下に敷く。

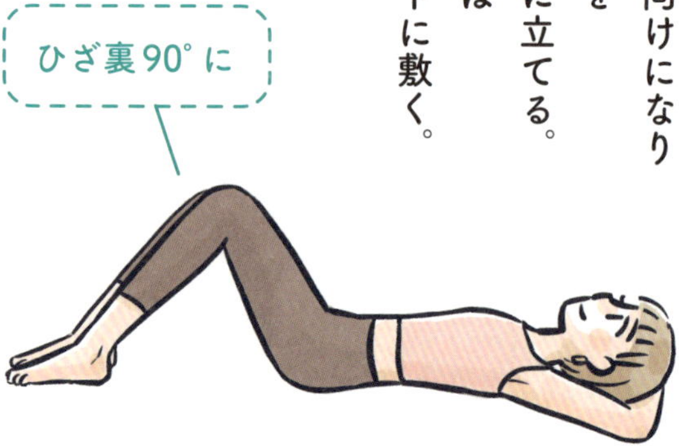

2

両ひざをお腹の前に引き寄せる。

マンガ➜p.76

3

ひざで円を描くようにゆっくりと時計回りに両脚を動かす。
息を吐きながらつま先を下ろし吸いながら持ち上げる。

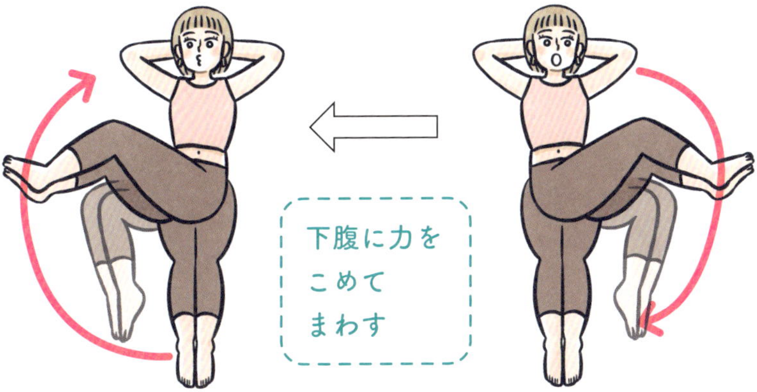
下腹に力を
こめて
まわす

4

両脚が真上まで戻ったら反時計回りで同様に行う。
交互に10セットくり返す。

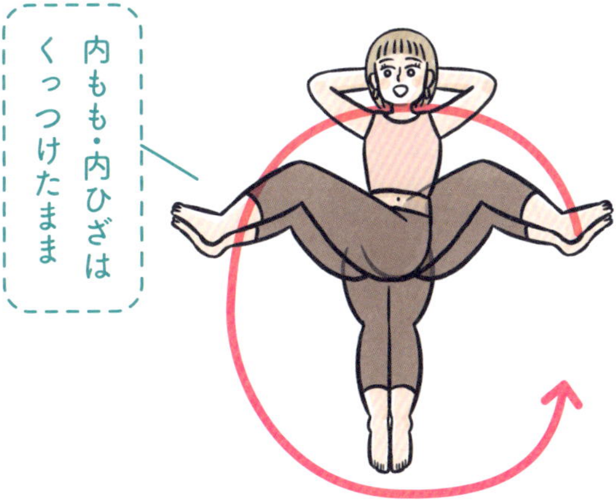
内もも・内ひざは
くっつけたまま

四つん這い体幹トレーニング

ぐ〜たらしたい度

低

…今こそトライ!

ここに効く!

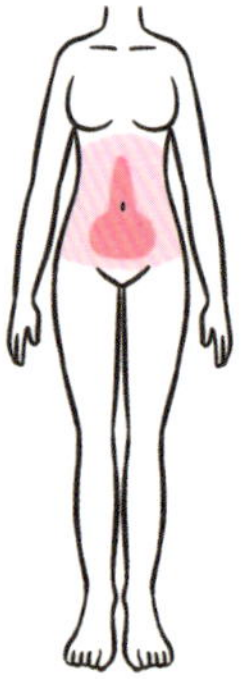

10回
×
1セット

1

四つん這いになり
ひじと
手のひらを
床につける。
足の指は開いて
立てる。

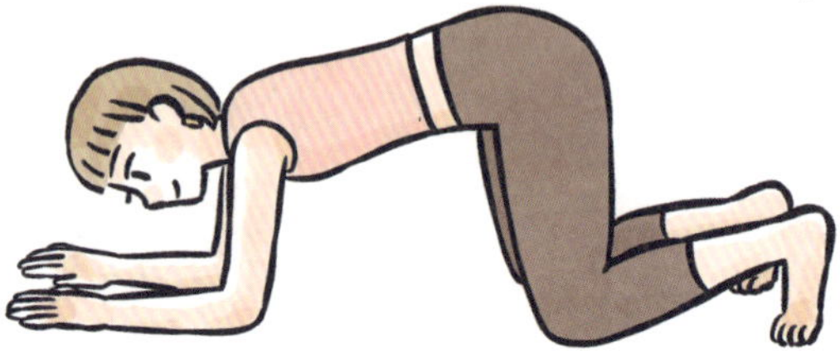

2

息を吸いながら
お尻を
後ろへ引き
お腹を
タテに伸ばす。

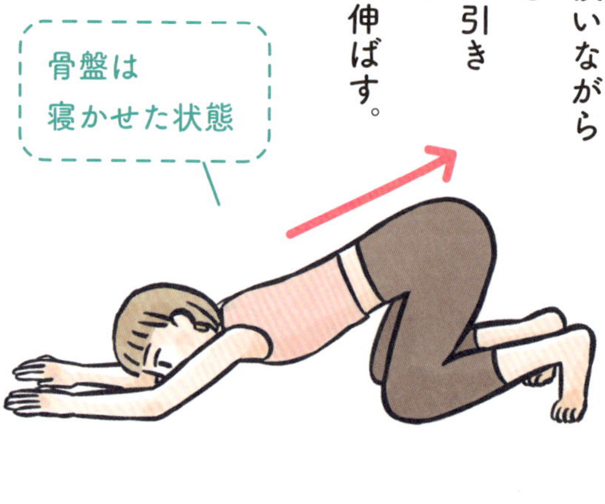

3

息を吐きながら腰を丸め、お尻を前へ持ってくる。おへそを背中に近づけお腹を薄くする。

骨盤を
立たせるように

4

さらに息を吐き腰を丸めたままひざを床から少し持ち上げる。そのまま1秒キープ。

1秒
キープ
手のひら・ひじ・足で床を押す

5

ひざを床につき息を吸いながら来た道を通って❷の姿勢まで戻る。❷〜❺の往復を10回くり返す。

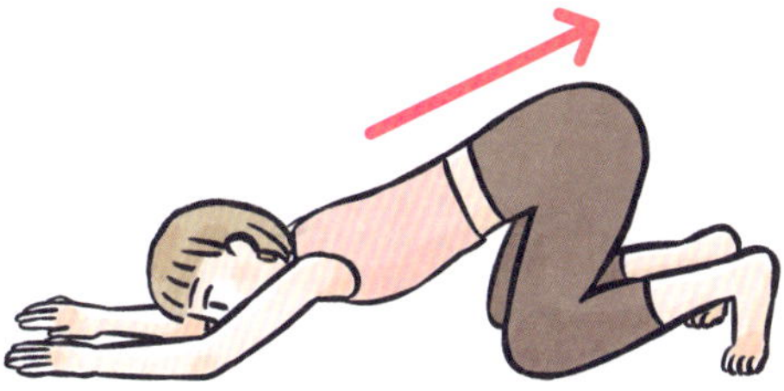

背中・腰編

お悩み相談室

「もたついた丸い背中を若々しく！」

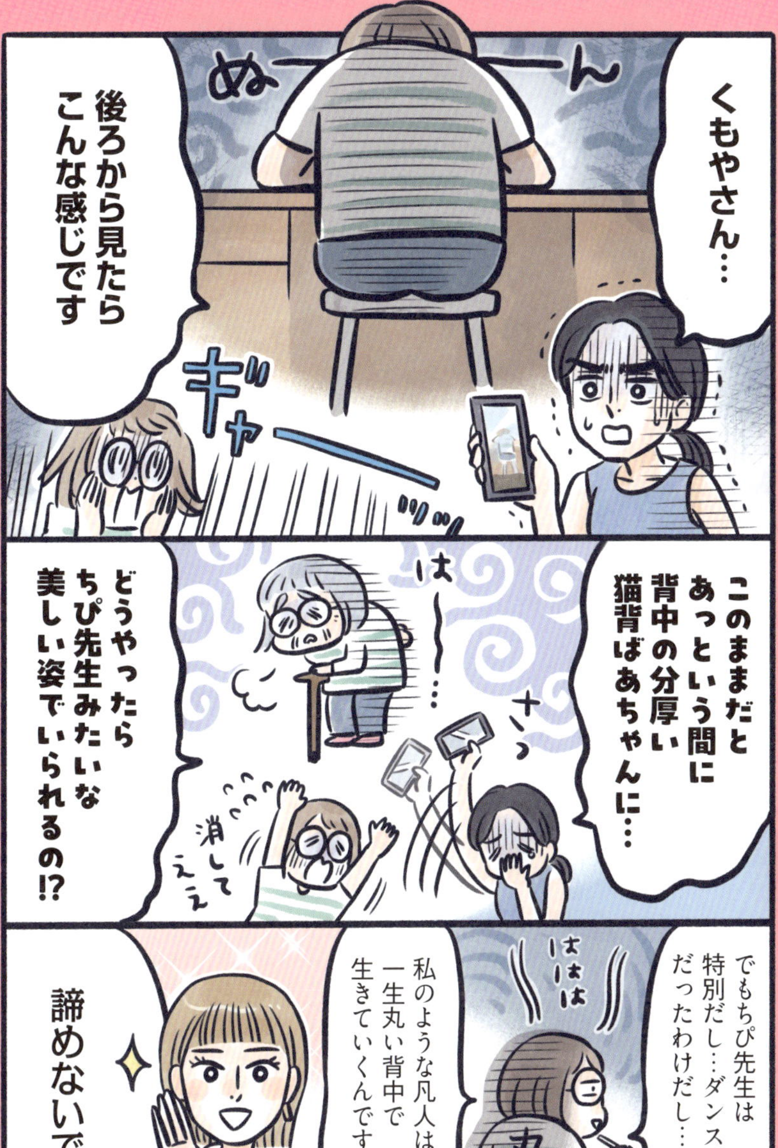
くもやさん…
ぬーーーん
後ろから見たら
こんな感じです
ギャーーー
このままだと
あっという間に
背中の分厚い
猫背ばあちゃんに…
はーー…
サッ
消してええ
どうやったら
ちぴ先生みたいな
美しい姿でいられるの!?
ははは
丸
でもちぴ先生は
特別だし…ダンス講師
だったわけだし…
私のような凡人は
一生丸い背中で
生きていくんですよ…
諦めないで

背中・腰

キレイな背中を手に入れたいなら
「肩甲骨を動かす」
腰をスリムにするには
「ひねる」
がポイントです！
なるほど！そうすれば背中の脂肪が落ちて
最近見当たらない私の肩甲骨も見えてきますかね⁉
肩甲骨どこ？
もちろん！
ごぶさたしてました！
姿勢も良くなって後ろ姿が若返りますよ！

ブラの上のハミ肉や
パンツの上のもたつき肉も
スッキリします！
スッキリ！
へーっ
背中・腰の
ふわトレッチですが
意外と肩コリ解消にも
いいんですよ
この
「スーパーマン」
ってふわトレッチ
肩甲骨が動いて
気持ちいい〜
私コレ好きです！
お気に入りが見つかると
続けやすいですよね！
楽しみながら毎日
やっていきましょう!!

次ページからふわトレッチ・スタート！

骨盤ずらし

背中・腰のふわトレッチ❶

正座になって腕を前に伸ばし
両手を組んで頭上に持ち上げます
お尻を右にスライドさせ
お尻の右側だけをゆっくりと床につけます
スライド
このとき 骨盤が傾いて右わき腹が広がっているのを感じて！
のび――
下腹にグッと力をこめてお尻を持ち上げ
元の姿勢に戻ります
ぐっ
左側にも同じくスライドさせます
左右交互に5セットやりましょう！

やってみて！ →110ページへ！

腰ツイストで腕まわし

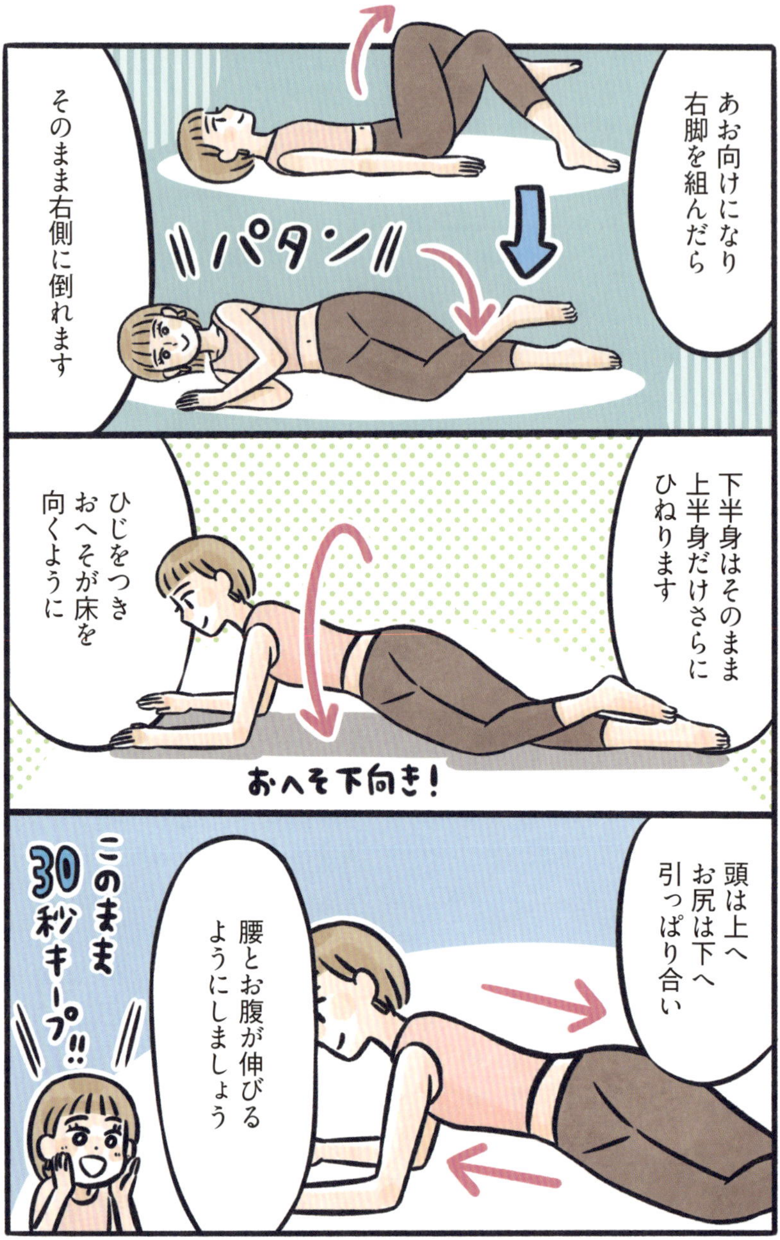
あお向けになり右脚を組んだら
パタン
そのまま右側に倒れます
下半身はそのまま上半身だけさらにひねります
ひじをつきおへそが床を向くように
おへそ下向き!
頭は上へお尻は下へ引っぱり合い
腰とお腹が伸びるようにしましょう
このまま30秒キープ!!

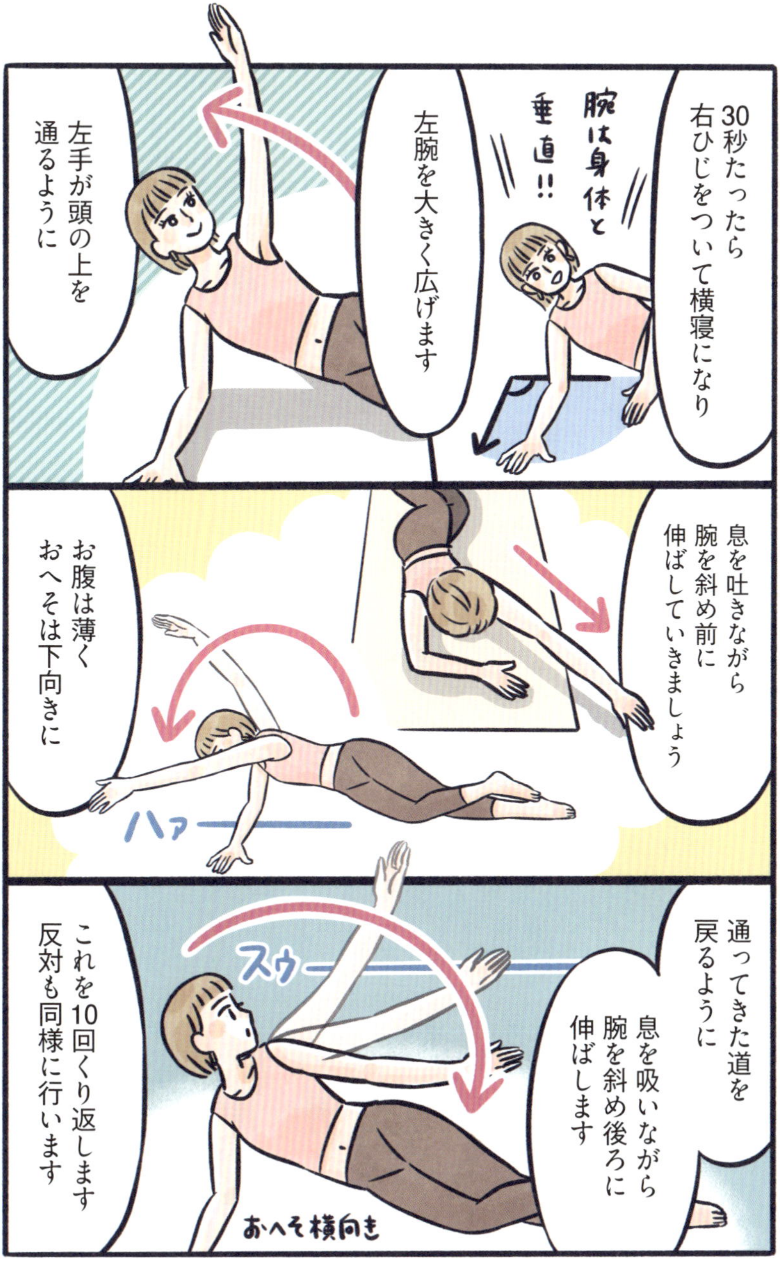
30秒たったら右ひじをついて横寝になり
腕は身体と垂直!!
左腕を大きく広げます
左手が頭の上を通るように
息を吐きながら腕を斜め前に伸ばしていきましょう
お腹は薄くおへそは下向きに
ハァ――
通ってきた道を戻るように
息を吸いながら腕を斜め後ろに伸ばします
スゥ――
これを10回くり返します反対も同様に行います
おへそ横向き

身体をひねったとき30秒キープするのはなぜですか？
なんの時間？
この体勢をキープするだけでも一つのストレッチになるくらいに
腰が引き伸ばされる感覚があると思います
このポーズに慣れる時間を作らないと
そのあと腕を動かしても 腰にひねりが入りにくいんです
ん？
ひねる動きの効果を高めるためにも
ここでキープしておくのがポイントです！
床についてる方の腕と肩がつらいんですが！
プル
プル
それは手の位置が違います！
肩もひじも痛めちゃう！
NG
OK
ひじは肩の真下に手は身体の前について！

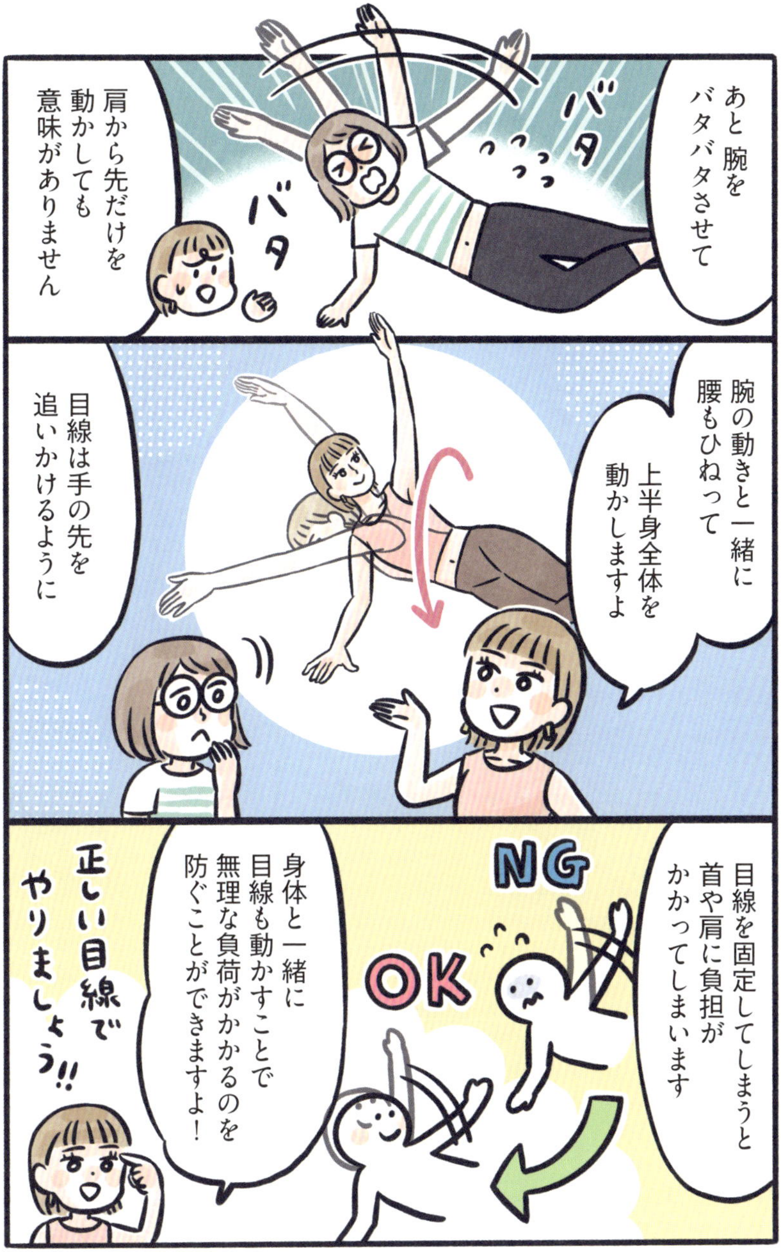

やってみて！ ➔112ページへ！

スーパーマン

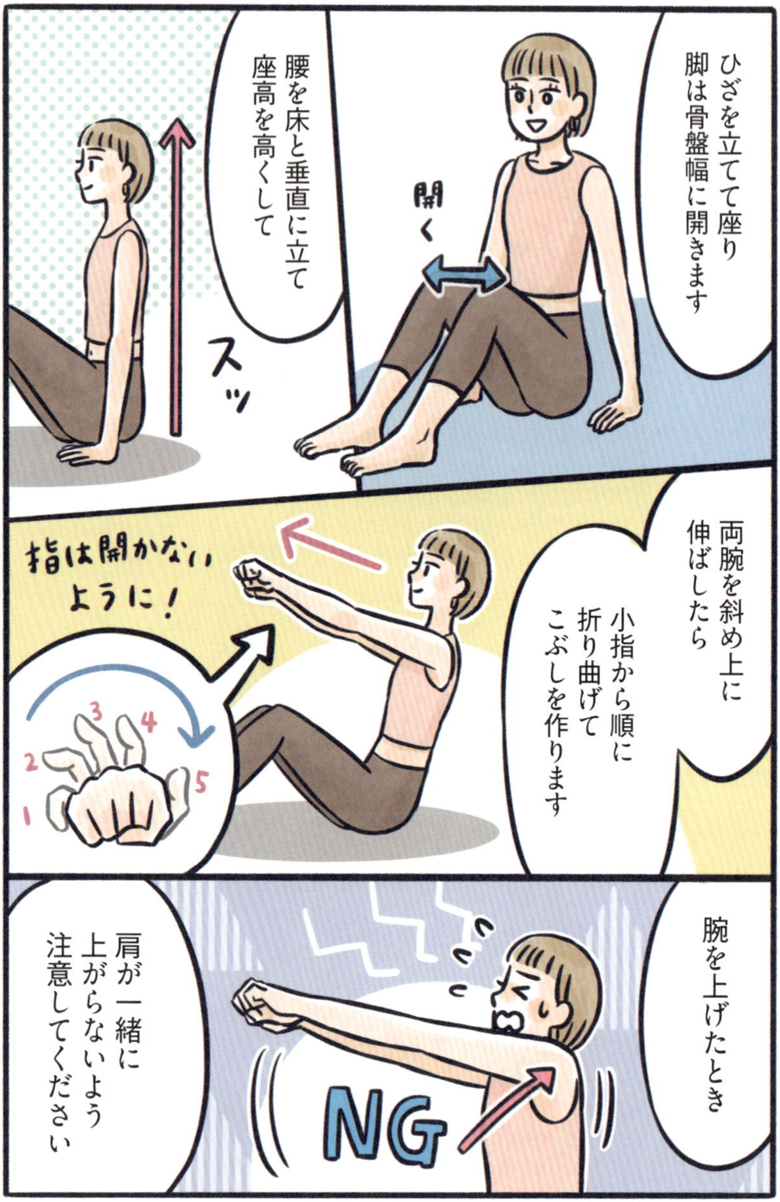
ひざを立てて座り
脚は骨盤幅に開きます
開く
腰を床と垂直に立て
座高を高くして
スッ
両腕を斜め上に
伸ばしたら
小指から順に
折り曲げて
こぶしを作ります
指は開かない
ように！
1
2
3
4
5
腕を上げたとき
肩が一緒に
上がらないよう
注意してください
NG

背中や腰が丸まってしまう人は
GOOD
お尻の下に少しだけ
お尻の下にクッションを噛ませるように敷くとやりやすくなります
息を吐きながら右腕を軽く曲げ
半円を描くようにひじを後ろに引きます
NG
OK
ひじは曲げすぎない！
ハアー
目線は後ろに引く手を追いかけて
じっ
息を吸いながら
スゥー
来た道を通るように右腕を戻します
左右交互に10セットやりましょう

これ楽しい〜♪
フン
♪
フン
ちょっとまった!
後ろに曲げた腕に伸ばしている手がつられて
一緒に下がってます!!
反対の腕を曲げているとき伸ばしている手は
遠くをパンチ!
さらに前へパンチするイメージでやりましょう!
はいっっ
後ろの腕は つい ひじを曲げすぎてしまいがち
NG…
腕を動かすよりもウエストをひねることを意識して
よせる!
肩甲骨を背骨に寄せるようにしましょう!

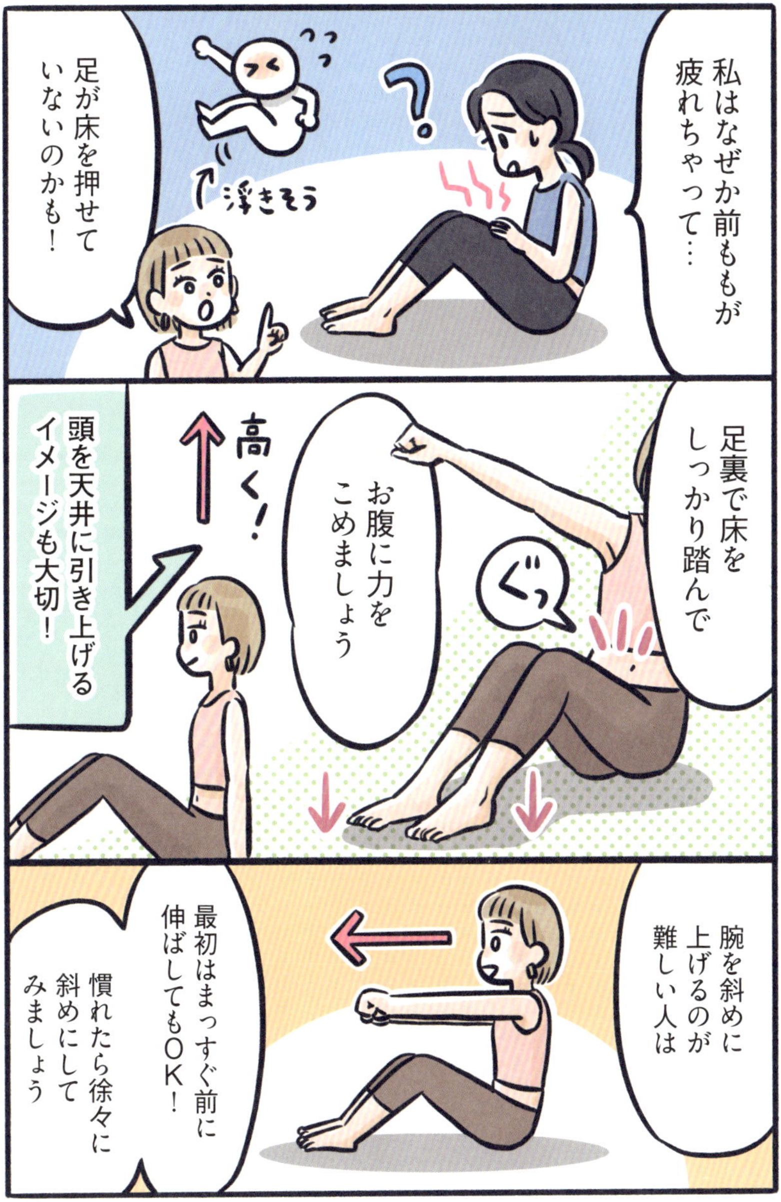
私はなぜか前ももが疲れちゃって…
浮きそう
足が床を押せていないのかも！
足裏で床をしっかり踏んで
ぐっ
お腹に力をこめましょう
高く！
頭を天井に引き上げるイメージも大切！
腕を斜めに上げるのが難しい人は
最初はまっすぐ前に伸ばしてもOK！
慣れたら徐々に斜めにしてみましょう

やってみて！

➜114ページへ！

ひざ立ちツイスト

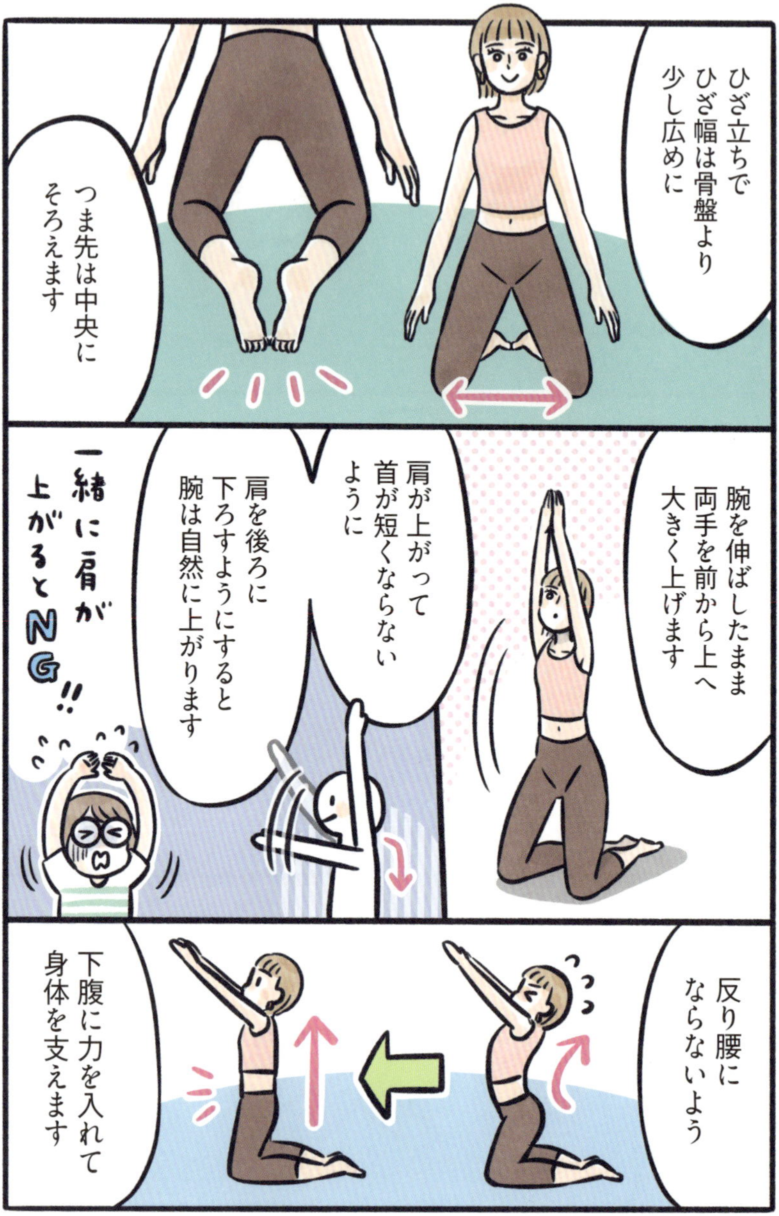
ひざ立ちで ひざ幅は骨盤より 少し広めに
つま先は中央に そろえます
腕を伸ばしたまま 両手を前から上へ 大きく上げます
肩が上がって 首が短くならない ように
肩を後ろに 下ろすようにすると 腕は自然に上がります
一緒に肩が 上がるとNG!!
反り腰に ならないよう
下腹に力を入れて 身体を支えます

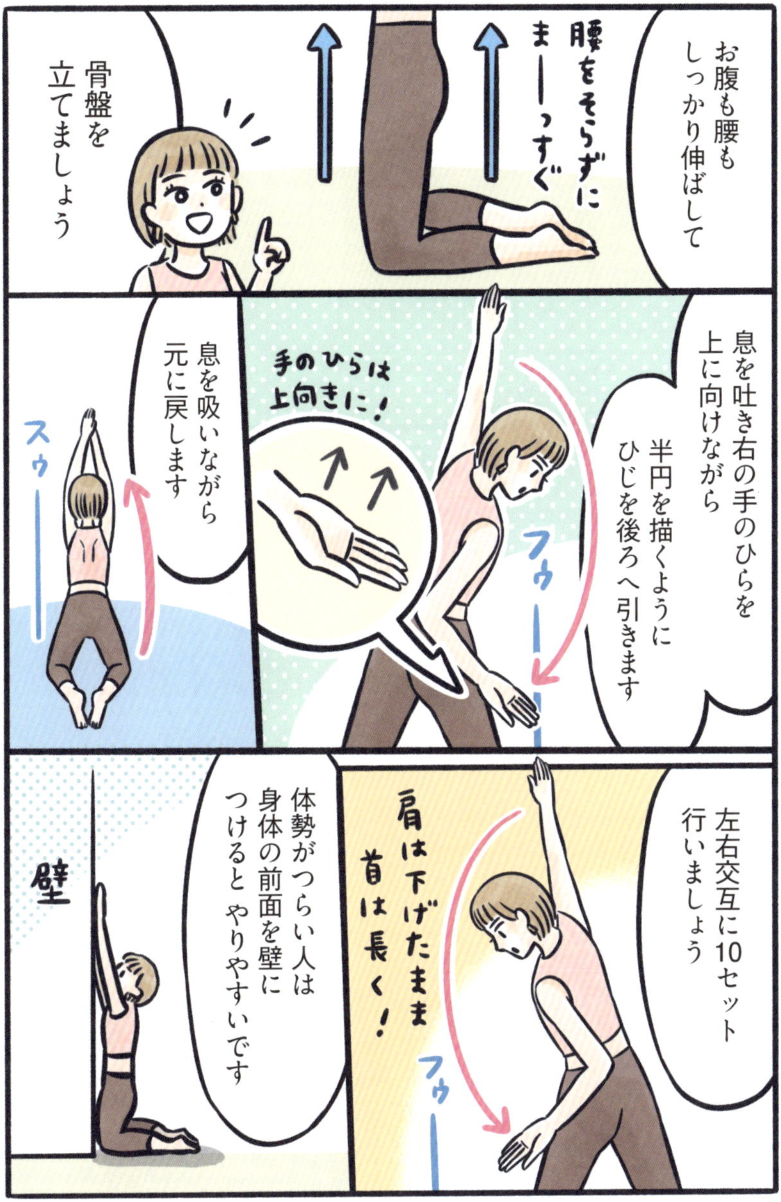
お腹も腰もしっかり伸ばして
腰をそらずにまーーっすぐ
骨盤を立てましょう
息を吐き右の手のひらを上に向けながら
半円を描くようにひじを後ろへ引きます
手のひらは上向きに！
フゥーー
息を吸いながら元に戻します
スゥーー
左右交互に10セット行いましょう
肩は下げたまま首は長く！
フゥーー
体勢がつらい人は身体の前面を壁につけるとやりやすいです
壁

この運動も
スーパーマンと同じく
下に下げる手よりも
伸ばしている手を
さらに上へ上げるような
イメージでやりましょう！
ピコン！
！
高い所の
スイッチを
押すイメージ！
目線は つねに動かす手を
追いかけます
じっ
ほんとだ!!
目線が前のとき
と効き目が全然
違いますね!!
そうなんです！
顔の向きを
変えずにやっても
背中や腰が
十分に動いて
くれないんです！
腕がムキムキに
なりそう!!

図解➜p.116

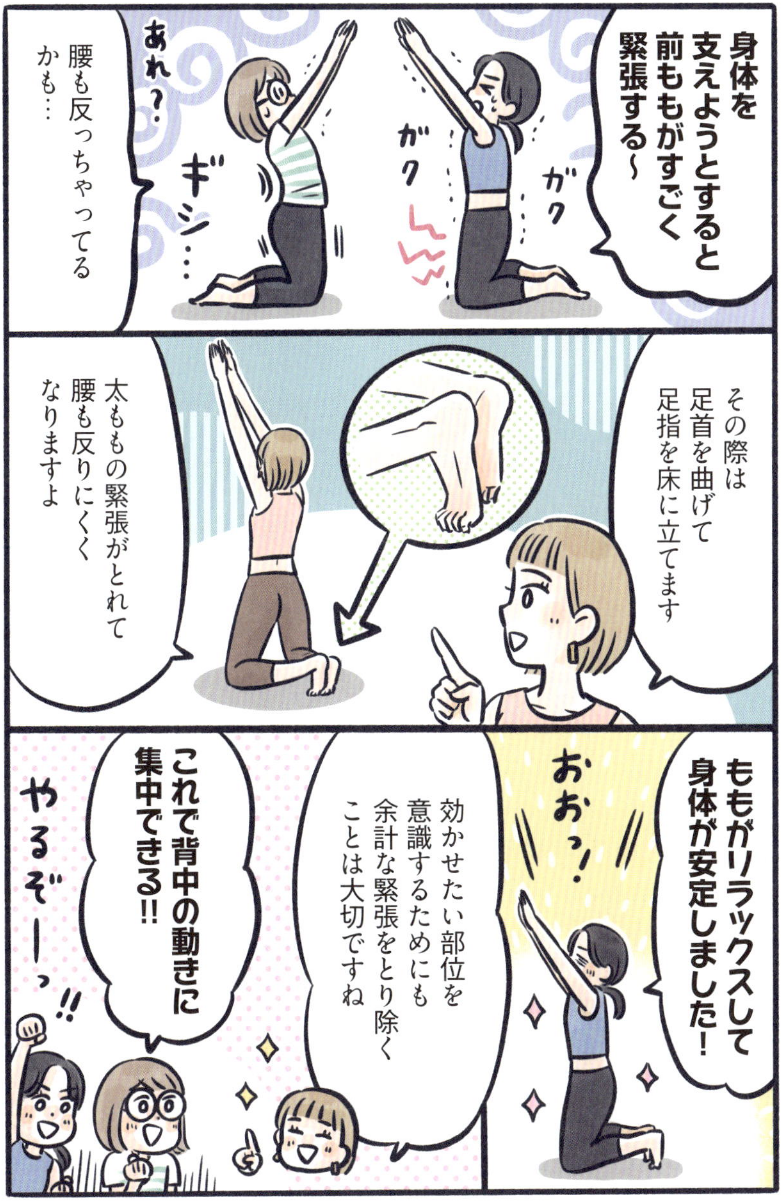

やってみて！ ➜116ページへ！

骨盤ずらし

ぐ〜たらしたい度
MAX

…でもやれる!

1

正座になり、両手を組んで腕を前に伸ばし、頭上に持ち上げる。

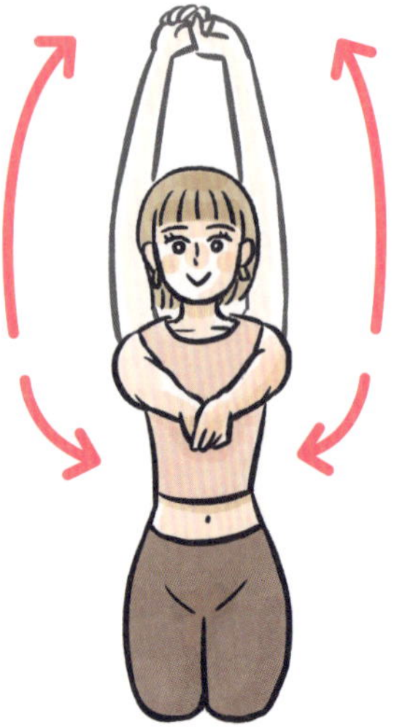

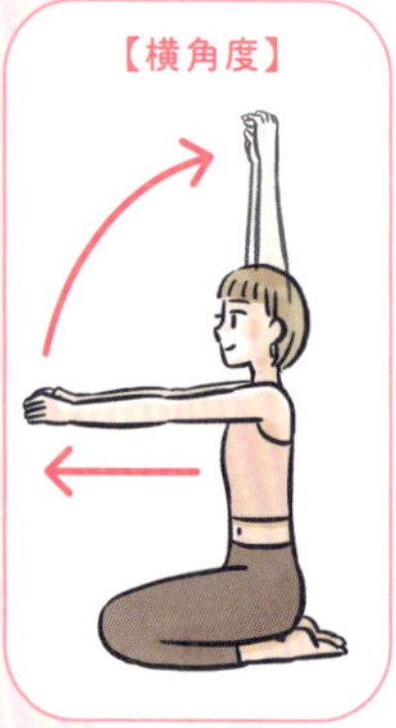
【横角度】

2

お尻を右にスライドさせお尻の右側だけをゆっくり床につける。

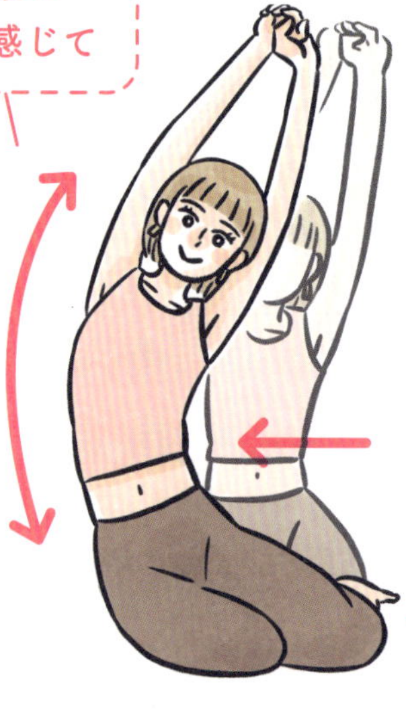
右わき腹の伸びを感じて
お尻はドスン!と落とさない

ここに効く!

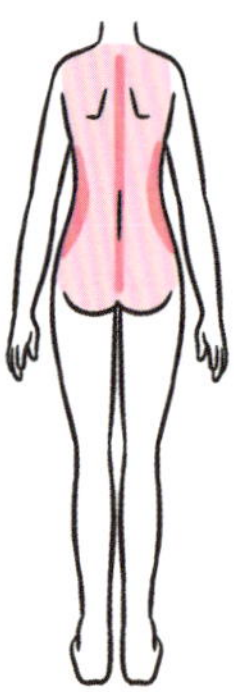

左右
1回ずつ
×
5セット

3

下腹に力をこめてお尻を持ち上げ❶の姿勢に戻る。

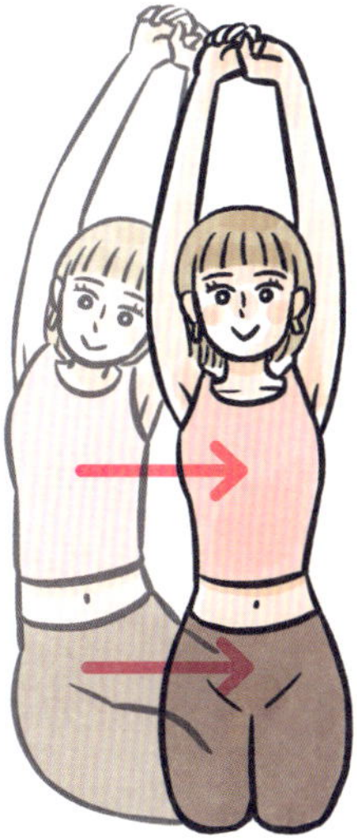

4

左側も同様に。
左右交互に5セット行う。

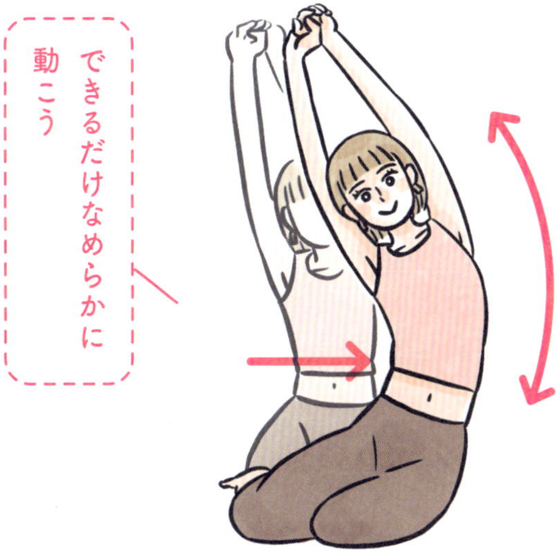
できるだけなめらかに動こう

ぐ〜たらしたい度 高

…でもやれる!

腰ツイストで腕まわし

1

あお向けに寝転んで
右脚を組み
そのまま右に倒れて
横寝になる。

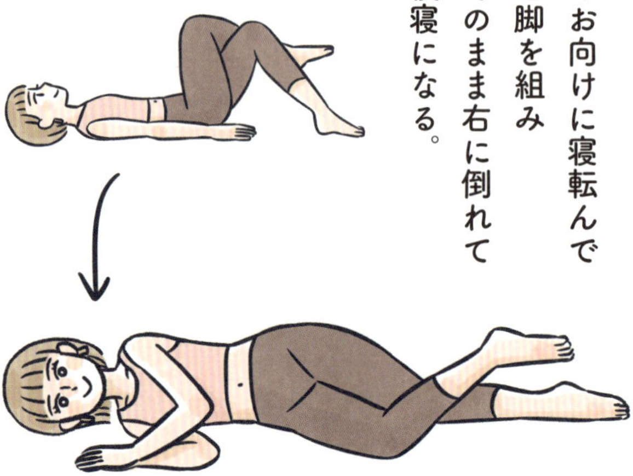

2

上半身のみ
さらにひねって
うつ伏せの姿勢に。
ひじを床につき
30秒キープ。

頭とお尻を上下に
引っぱり合う

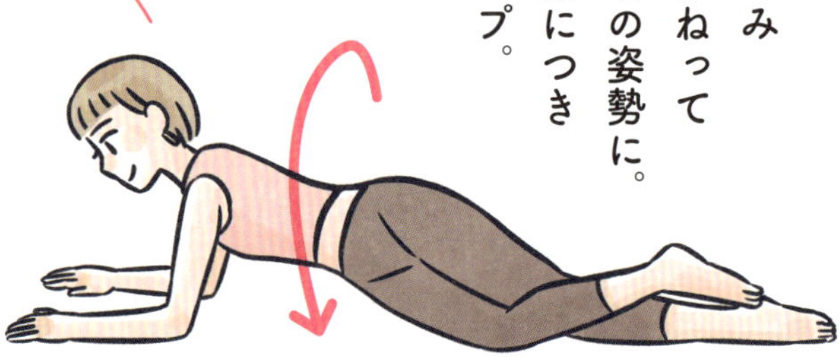

下半身は横寝のまま

30秒
キープ

ここに効く!

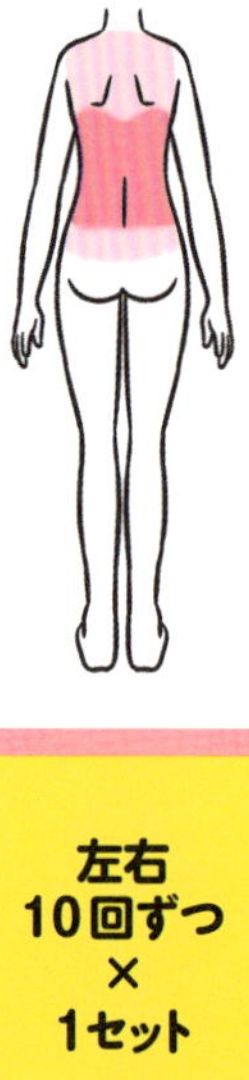

左右
10回ずつ
×
1セット

マンガ➜p.98

3

右ひじのみ床について
身体を支え
左腕を大きく広げる。

4

息を吐きながら
左腕を大きくまわして
斜め前へ伸ばす。

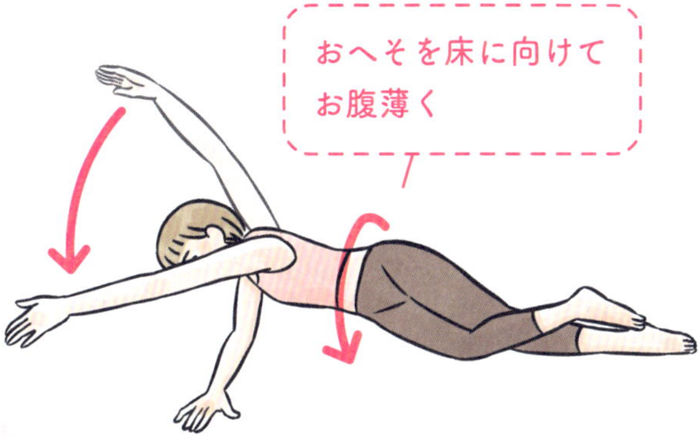
おへそを床に向けて
お腹薄く

5

息を吸いながら
再び左腕を広げて
斜め後ろへ伸ばす。
❸〜❺の往復を
くり返し、横寝から
あお向けに戻る。
反対も
同様に行う。

おへそは横向き。腰からしっかりひねる

ぐ〜たらしたい度

中

…な時にピッタリ!

スーパーマン

ここに効く!

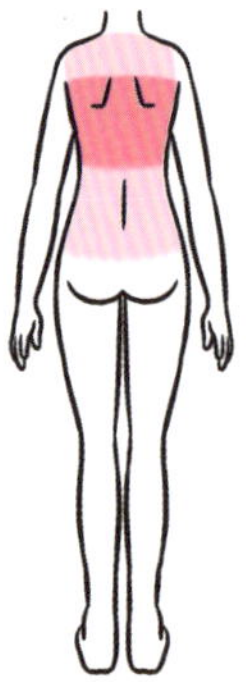

左右
1回ずつ
×
10セット

1

三角座りになり
足を骨盤幅に開く。

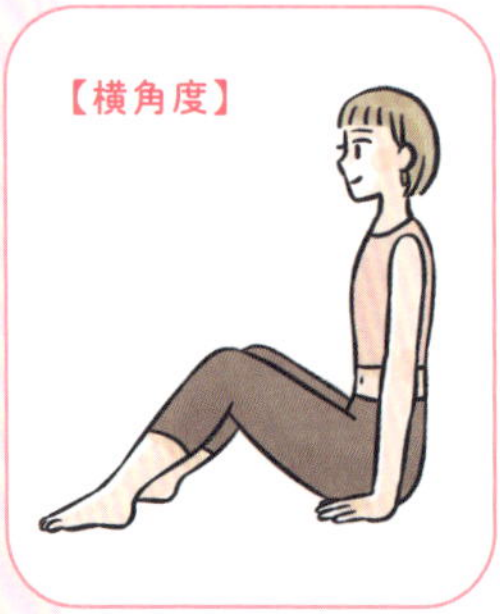

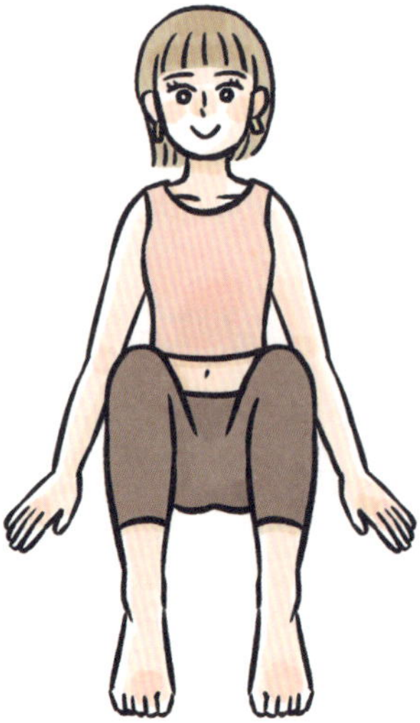

2

両腕を斜め上に伸ばし
小指から順に握ってこぶしを作る。

3

息を吐きながらウエストをひねり右ひじを軽く曲げて後ろに引く。

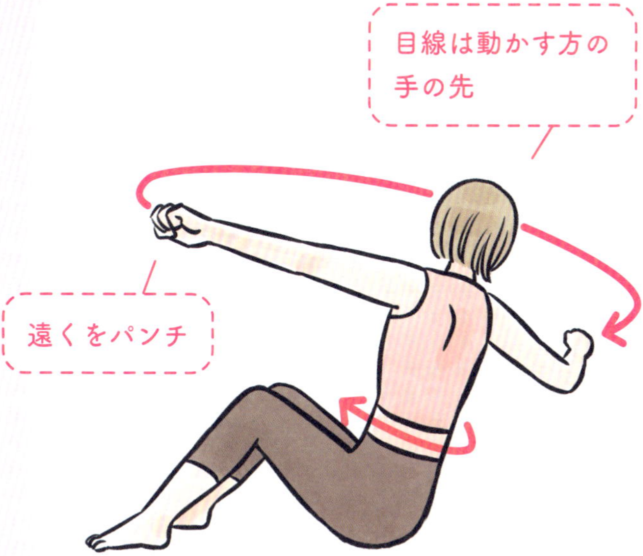
目線は動かす方の手の先
遠くをパンチ

4

息を吸いながら
上半身と右腕を❷の姿勢に戻す。
左も同様に。
左右交互に10セット行う。

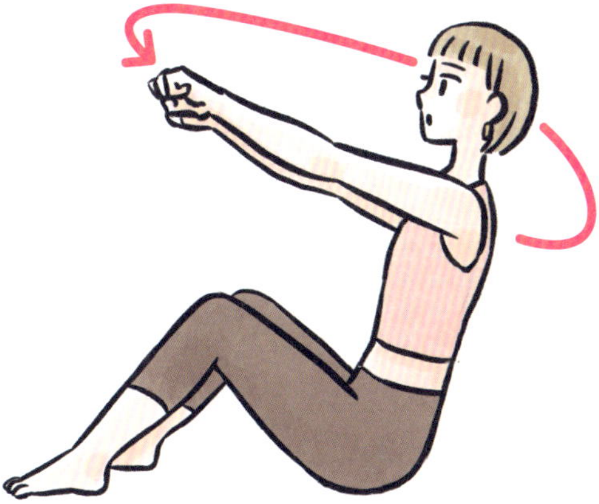

ひざ立ちツイスト

ぐ〜たらしたい度

低

…今こそトライ!

1

ひざ立ちになり
つま先を中央で揃える。
ひざの幅は骨盤より少し広く。

【後ろ角度】

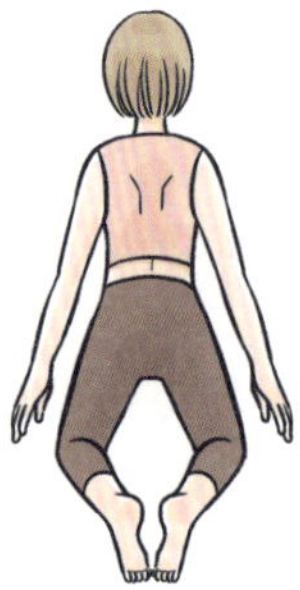

2

両手を合わせ、腕をまっすぐ伸ばし
斜め上に持ち上げる。

【後ろ角度】

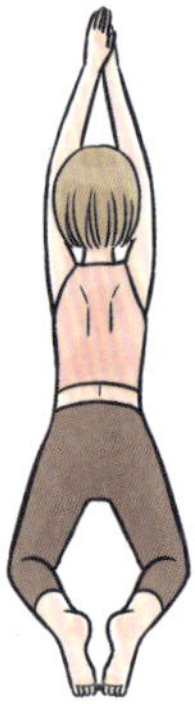

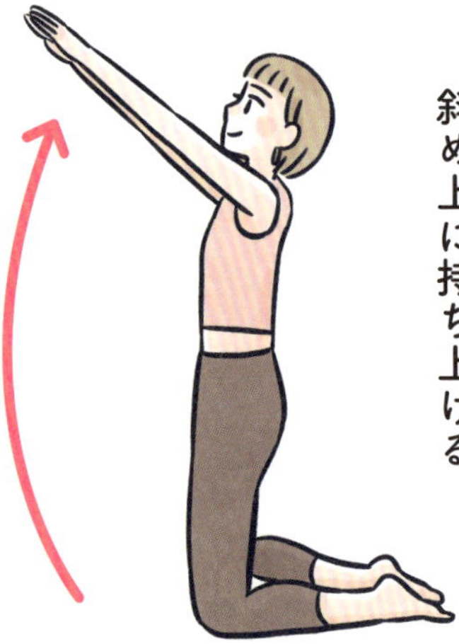

腰が反らないよう
下腹に力をこめて

ここに効く!

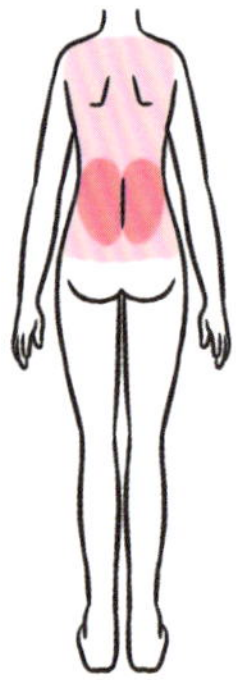

左右
1回ずつ
×
10セット

マンガ➜p.106

3

息を吐きながら上半身をひねり
右ひじを腰のあたりまで引く。

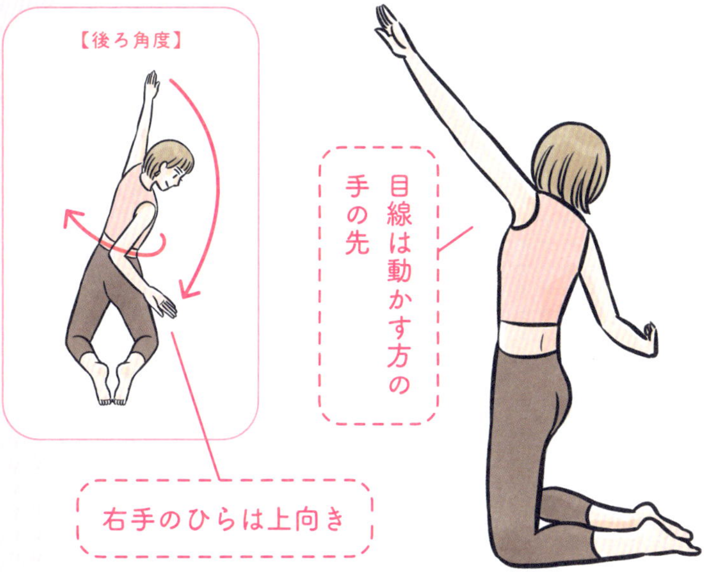
【後ろ角度】
目線は動かす方の手の先
右手のひらは上向き

4

息を吸いながら
上半身と右腕を❷の姿勢に戻す。
左も同様に。
左右交互に10セット行う。

【後ろ角度】

ちぴログ　ちぴ先生からのアドバイス

Oyakusoku　Okite1　Okite2　Okite3　Ohmachigai

ぐ～たら女子的 美ボディメイクの掟 その2

“やる気”を出してはいけません

ダイエットやボディメイクを始めた当初は
やる気に満ちあふれ調子よく運動できていたのに
日にちがたつと次第に飽きて、モチベーションが下がってしまう。
一度下がったモチベーションをなかなか上げることができず
いつも三日坊主で終わってしまう。
あなたにも、身に覚えがあるかもしれません。

「どうすればモチベーションを維持できますか？」
という質問はよくいただくのですが、私の回答はいつも同じ。
「モチベーションをあてにするのは、やめましょう」

モチベーションは感情に左右されているので
上がる日もあれば下がる日もあって当たり前。
やる気がどうしても出ないときに、無理やりやる気を出して
運動をしたところで、身体がよい反応を示してくれるはずがありません。
モチベーションを上げる方法を考えるよりも、“自分にとって
必要なことだからやる”というマインドセットをしてしまうほうがいい。
感情はコントロールが難しいですが
マインド（意識）は自分で決めることができます。

また、掟 その１でもお伝えしたように「やる気が出ないときでも
これならラクラクできる！」という運動が一つでもあれば
モチベーションに振りまわされずに運動習慣を続けることができますよね。

身体づくりに“やる気”は不要。
「必要だからやる」というマインドを持って
淡々と取り組んでみてくださいね。

CHIPILOG

ちぴログ　ちぴ先生からのアドバイス

Oyakusoku　Okite1　Okite2　Okite3　Ohmachigai

ぐ〜たら女子的 美ボディメイクの掟 その3

迷わない人が最後に勝ちます

今はまさに、情報過多の時代。
ひとたびSNSを開けば、キレイになるための運動法や
痩せるための食事法が、溢れんばかりに流れてきます。
「アレもいいな」「コレも気になる」「ソレは本当に効くのかしら…」
迷っているうちに時間がたち、やる気もなくなり
結局何もせずに終わってしまう。
これ、ぐ〜たら女子あるあるではないでしょうか？

私たちは1日に約35,000回の選択をしていると言われていますが
人が1日に決断できる量には限界があります。
限界以上に選択をしようとすると脳が疲労感を覚え
決断の先送りが増えてくるのだそうです。
どの運動をしようか迷っているうちに脳が決断疲れをおこし
仕方なく「やらない」「諦める」という選択をしてしまう。
だから、いつまでたっても運動習慣が身につかないんです。

少しでも効果的なものを…と欲を出して、あれこれ迷ってるあいだに
仮でもいいので「これをやる！」と決めて実践してしまったほうが
よっぽど賢いと思いませんか？

その運動があなたにとって良いか良くないかは
やってみないとわかりません。同じ迷うにしても
ひとまずやってみて、その結果を見てからでも遅くはないはず。

自分の直感を信じて、まず一つ、お気に入りのふわトレッチを
決めてみてください。最後に美ボディを手に入れられるのは
迷っているあいだに実践できる人ですよ。

CHIPILOG

肩・二の腕編

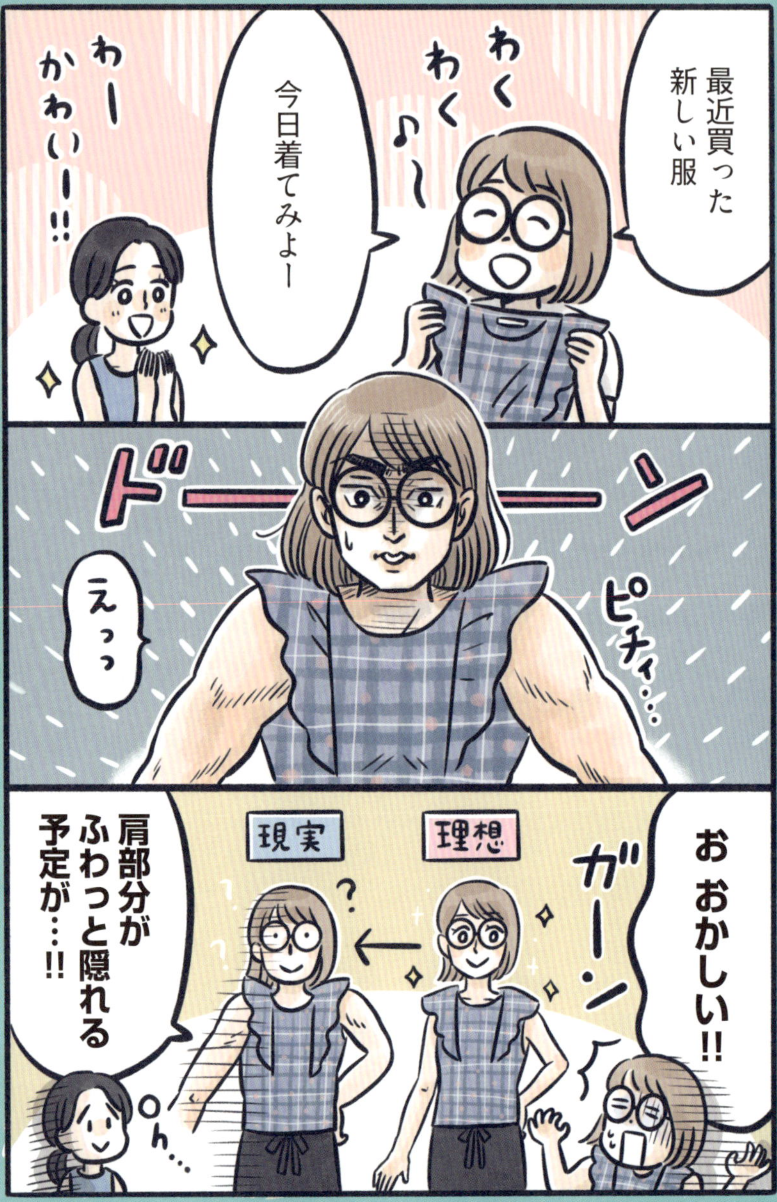
最近買った新しい服
わくわく♪〜
今日着てみよー
わーかわいーー!!
ドーーン
ピチィ…
えっっ
おおかしい!!
ガーン
理想
現実
肩部分がふわっと隠れる予定が…!!
oh…

そいや!
育児で勇ましくなった筋肉の上にいつの間にか脂肪がついてる
悲しいかなママあるあるなんですよねぇぇ
子育てしてたら誰もが通る道…
ひえええ…
二の腕やせと言ったら腕立てふせですよね!!
せいっ
せいっ
ペットボトル
こういうのとかね!!
シュババババババ
わースゴッ!!
ちょっと待って!

肩・二の腕

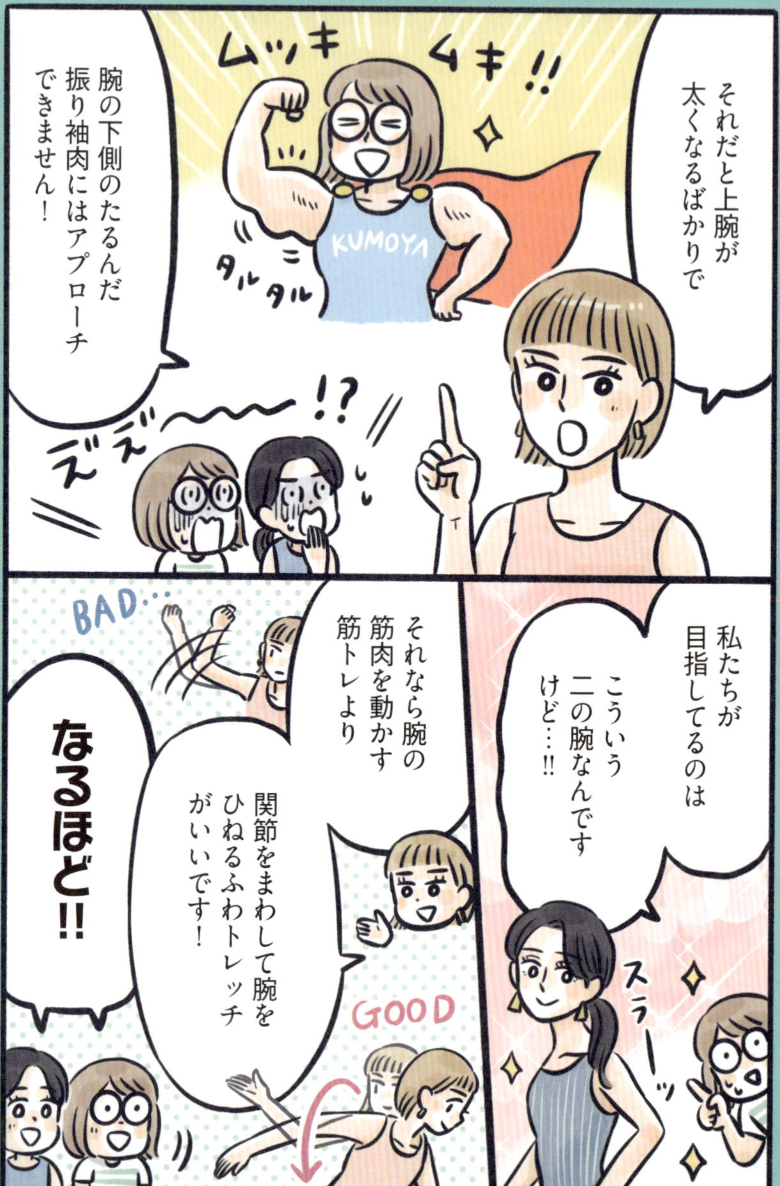

それだと上腕が太くなるばかりで
ムッキ ムキ!!
KUMOYA
腕の下側のたるんだ振り袖肉にはアプローチできません!
タルタル
ズズ〜〜〜!?
私たちが目指してるのは
こういう二の腕なんですけど…!!
スラーッ
それなら腕の筋肉を動かす筋トレより
BAD…
関節をまわして腕をひねるふわトレッチがいいです!
GOOD
なるほど!!

こーゆー感じですか!?
クネ
クネ
わーっ
肩痛めちゃう!
やみくもに動かすのでなく
肩から指先まで丁寧に動かすことがスラリとした二の腕への近道です
へー!!
このあとくわしく説明しますので
目指せノースリーブ美人!!
お——っ!
しっかりついてきてくださいね!

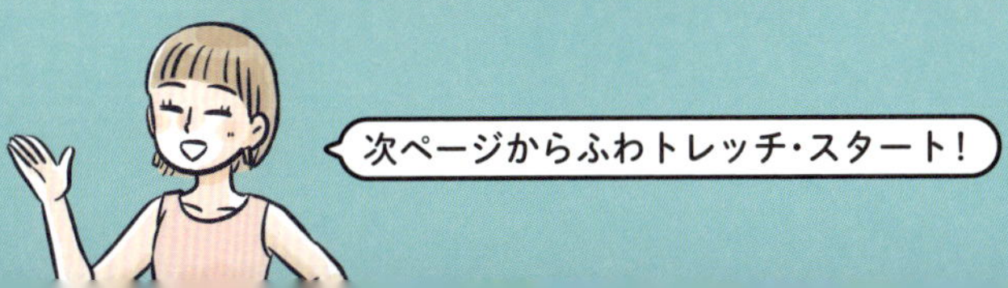
次ページからふわトレッチ・スタート!

鎖骨ストレッチ

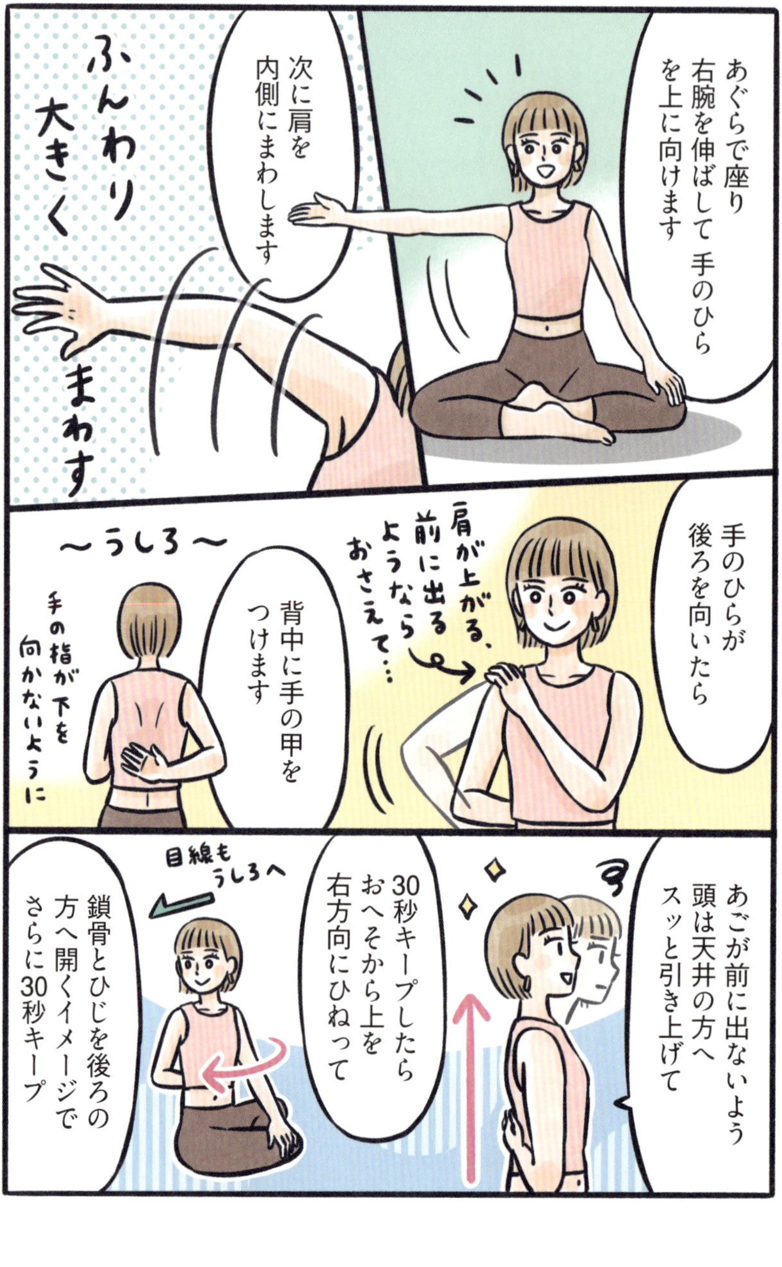
あぐらで座り 右腕を伸ばして 手のひらを上に向けます
次に肩を内側にまわします
ふんわり大きくまわす
手のひらが後ろを向いたら
肩が上がる、前に出るようならおさえて…
背中に手の甲をつけます
〜うしろ〜
手の指が下を向かないように
あごが前に出ないよう頭は天井の方へスッと引き上げて
30秒キープしたらおへそから上を右方向にひねって
目線もうしろへ
鎖骨とひじを後ろの方へ開くイメージでさらに30秒キープ

上半身をゆっくりと正面に戻します
そ〜〜っと…
腕もゆっくり解放してください
左も同様にやります！
急いで腕を動かすとストレッチの効果が薄まってしまうので気をつけましょう
せいっっ
うしろにっっ
!!
グキッ
無理やり身体をひねると肩や背中が緊張してしまいます
リラックスできる体勢でやりましょうね
は〜い
手の位置は低くてもOKですし
身体をひねるのがつらかったら前を向いたままでいいです
心地よいポーズを見つけてキープしましょうね！

やってみて！

➜138ページへ！

腕ローリング

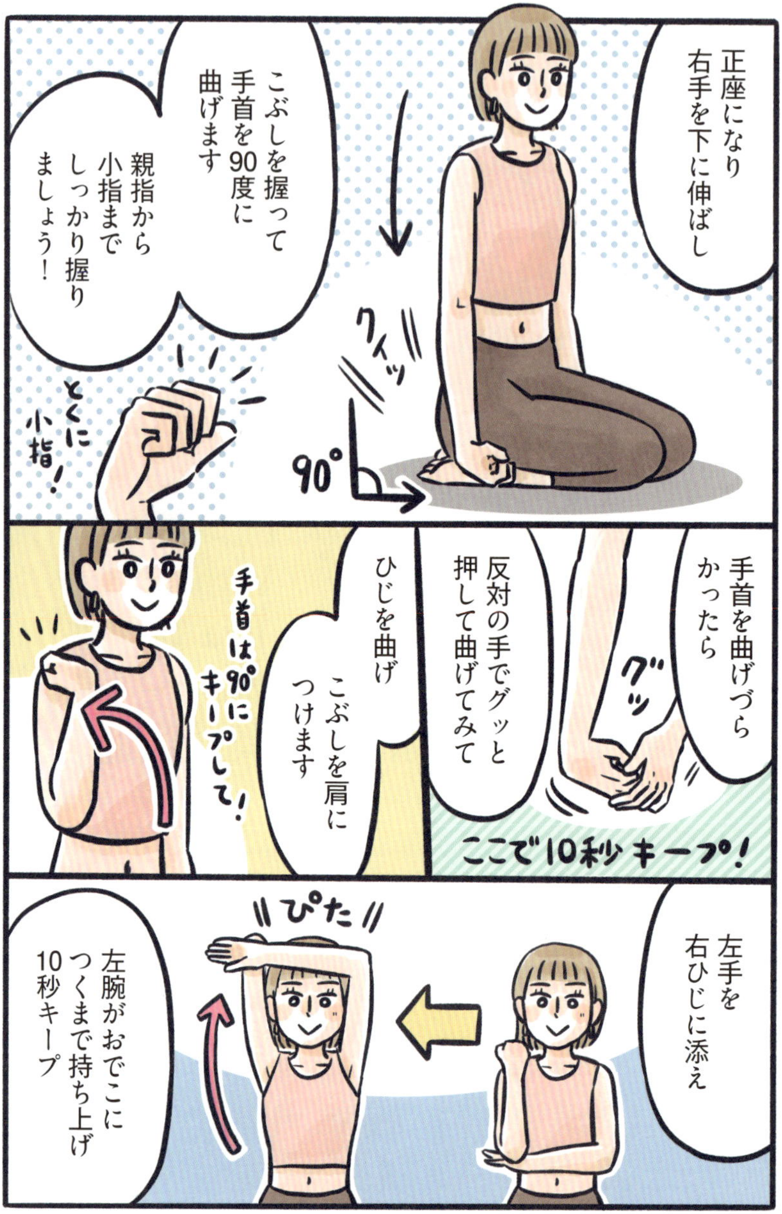
正座になり右手を下に伸ばし
クイッ
90°
こぶしを握って手首を90度に曲げます
親指から小指までしっかり握りましょう!
とくに小指!
手首を曲げづらかったら
反対の手でグッと押して曲げてみて
グッ
ここで10秒キープ!
ひじを曲げこぶしを肩につけます
手首は90°にキープして!
左手を右ひじに添え
ぴた
左腕がおでこにつくまで持ち上げ10秒キープ

図解➜p.140

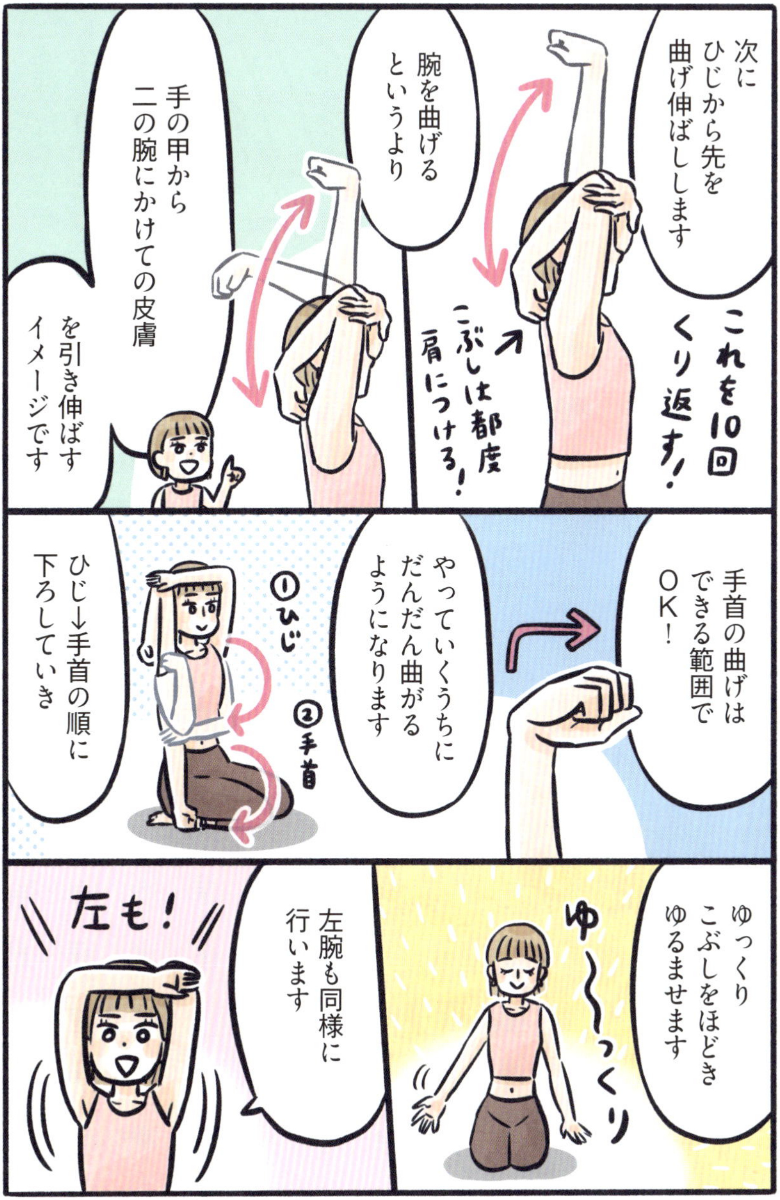
次に
ひじから先を
曲げ伸ばしします
これを10回くり返す!
こぶしは都度
肩につける!
腕を曲げる
というより
手の甲から
二の腕にかけての皮膚
を引き伸ばす
イメージです
手首の曲げは
できる範囲で
OK!
やっていくうちに
だんだん曲がる
ようになります
ひじ↓手首の順に
下ろしていき
①ひじ
②手首
ゆっくり
こぶしをほどき
ゆるませます
ゆ〜〜っくり
左腕も同様に
行います
左も!

曲げた手首をキープするの…
プルプル
キツいいいい
そうなんですよね
でも手首を曲げると曲げないとでは
全然違うんですよ
へーっ
本当だ!!手首を曲げると
筋肉がより伸びてる感じがする!!
のびーーっ!!
曲げてないとあまり二の腕に効きませんね
ひょいひょい
ラクラクできちゃう
手首を縮めて曲げるより手首の外側(手の甲側)の皮膚を伸ばすイメージだと
腕の内側が疲れにくいです!
NG
ムキ
OK
確かに!

やってみて！ ➜ 140ページへ！

肩ツイスト

肩・二の腕のふわトレッチ❸

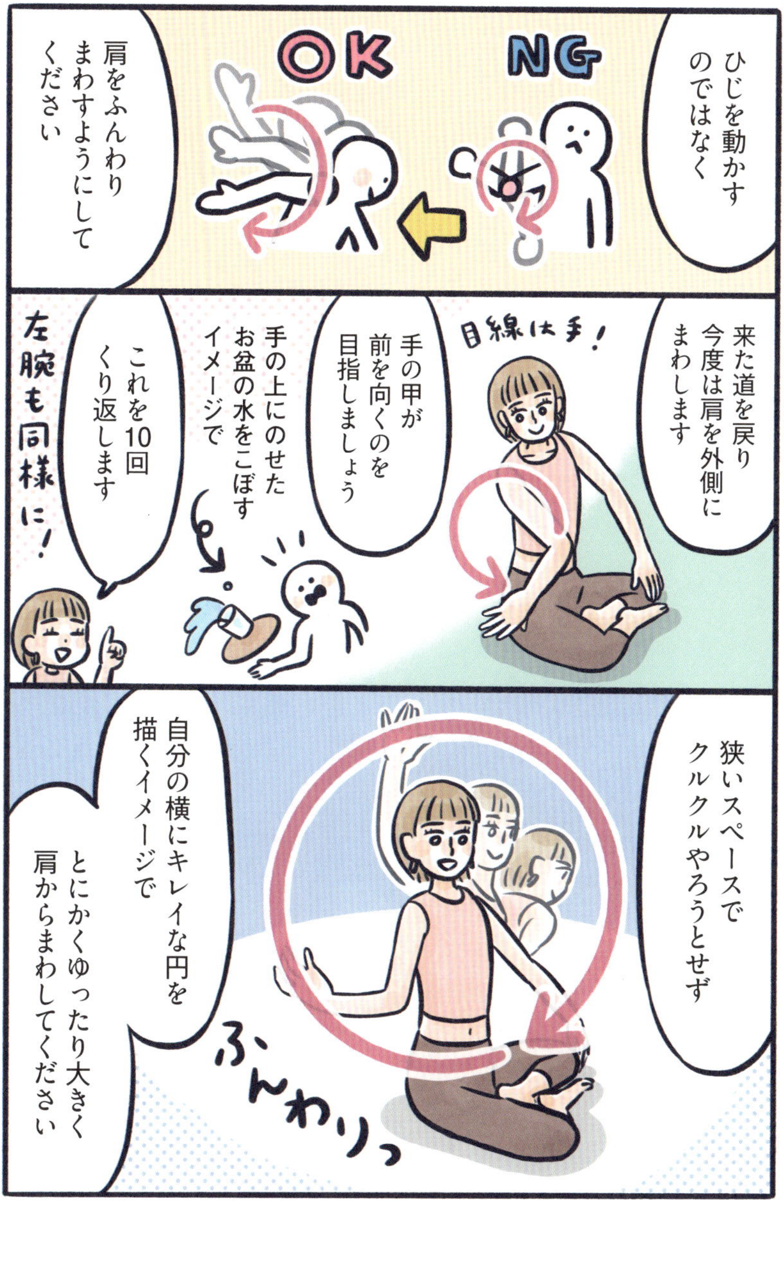
ひじを動かすのではなく
OK
NG
肩をふんわりまわすようにしてください
来た道を戻り今度は肩を外側にまわします
目線は手！
手の甲が前を向くのを目指しましょう
手の上にのせたお盆の水をこぼすイメージで
これを10回くり返します
左腕も同様に！
狭いスペースでクルクルやろうとせず
自分の横にキレイな円を描くイメージで
とにかくゆったり大きく肩からまわしてください
ふんわりっ

先生～!!
ゴリゴリ
肩がゴリゴリ鳴っちゃいます!!
!!
肩周辺の筋肉がかたまっているのかもしれません
なるべく音が鳴らないよう優しく動かしましょう
どうしても鳴ってしまう場合もやわらかく動いていれば
すぐにケガにはつながらないので心配しなくていいですよ
油断するとひじからまわしちゃいそう…
肩まわす肩まわす…
あくまでも肩を動かす運動なので
ひじは曲げ伸ばしせず 固定しておいてください

ビュンッ
先生ーッ!!
これでいいですかー!?
力入りすぎ!!
激しく動いたほうが効くんじゃないかと思うかもしれませんが
ゆったり大きくやわらかく
最小限の力で大きく動かすほうが腕やせには効果的なんです
肩のインナーマッスルは意外とデリケートなので
くれぐれも力を入れすぎないように優しくまわしてくださいね!
はいっ!

やってみて!

➜142ページへ!

OK二の腕エクササイズ

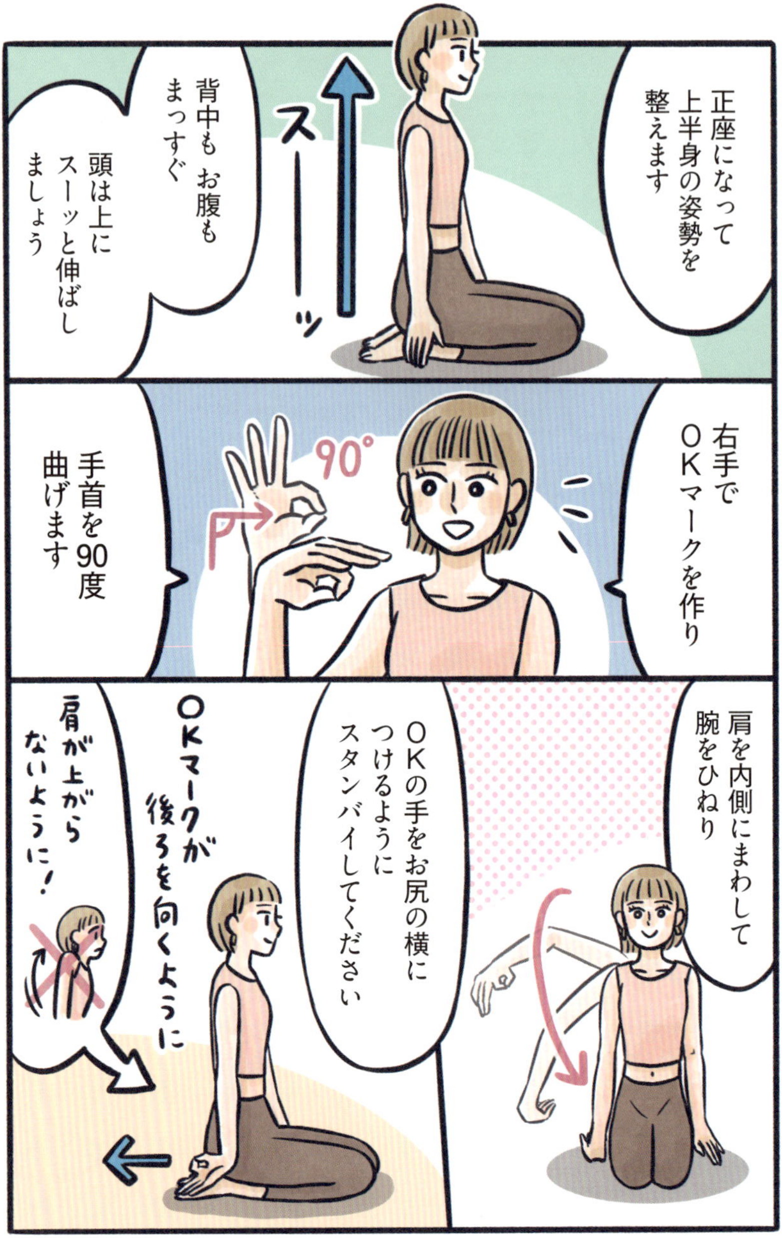

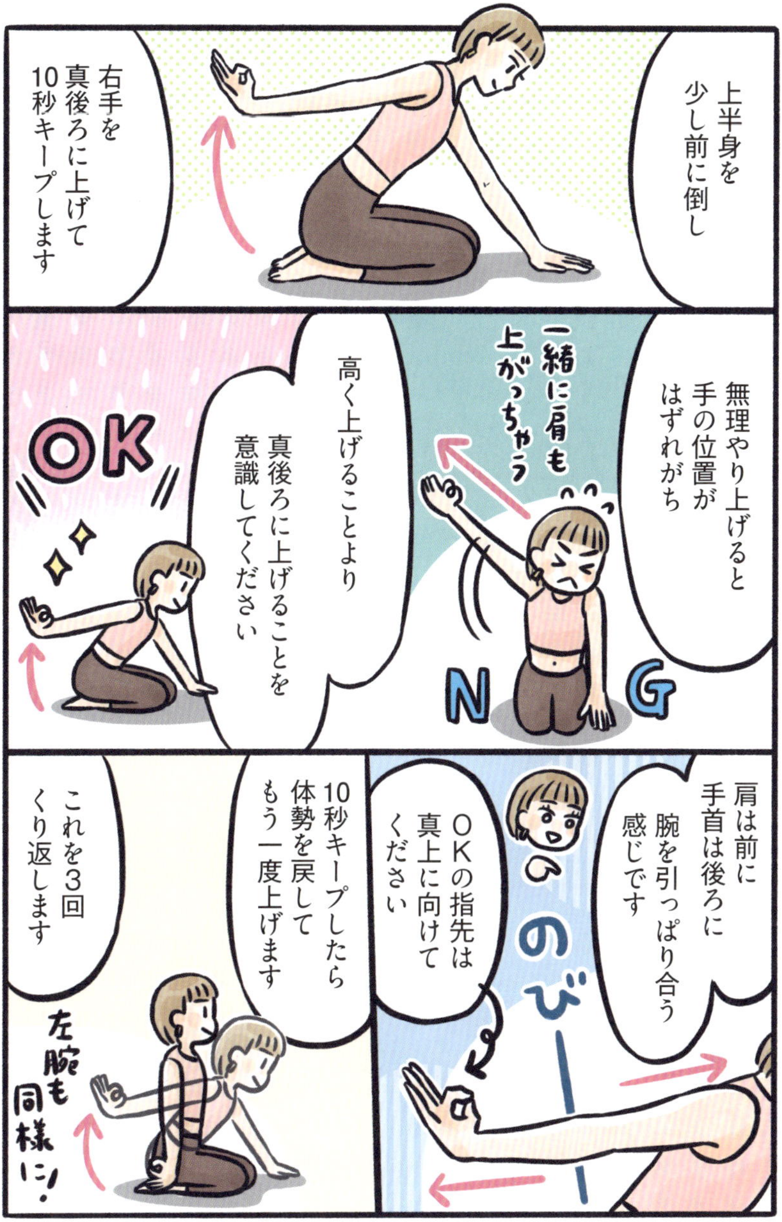
上半身を少し前に倒し
右手を真後ろに上げて10秒キープします
無理やり上げると手の位置がはずれがち
一緒に肩も上がっちゃう
NG
高く上げることより真後ろに上げることを意識してください
OK
肩は前に手首は後ろに腕を引っぱり合う感じです
OKの指先は真上に向けてください
のびー
10秒キープしたら体勢を戻してもう一度上げます
これを3回くり返します
左腕も同様に!

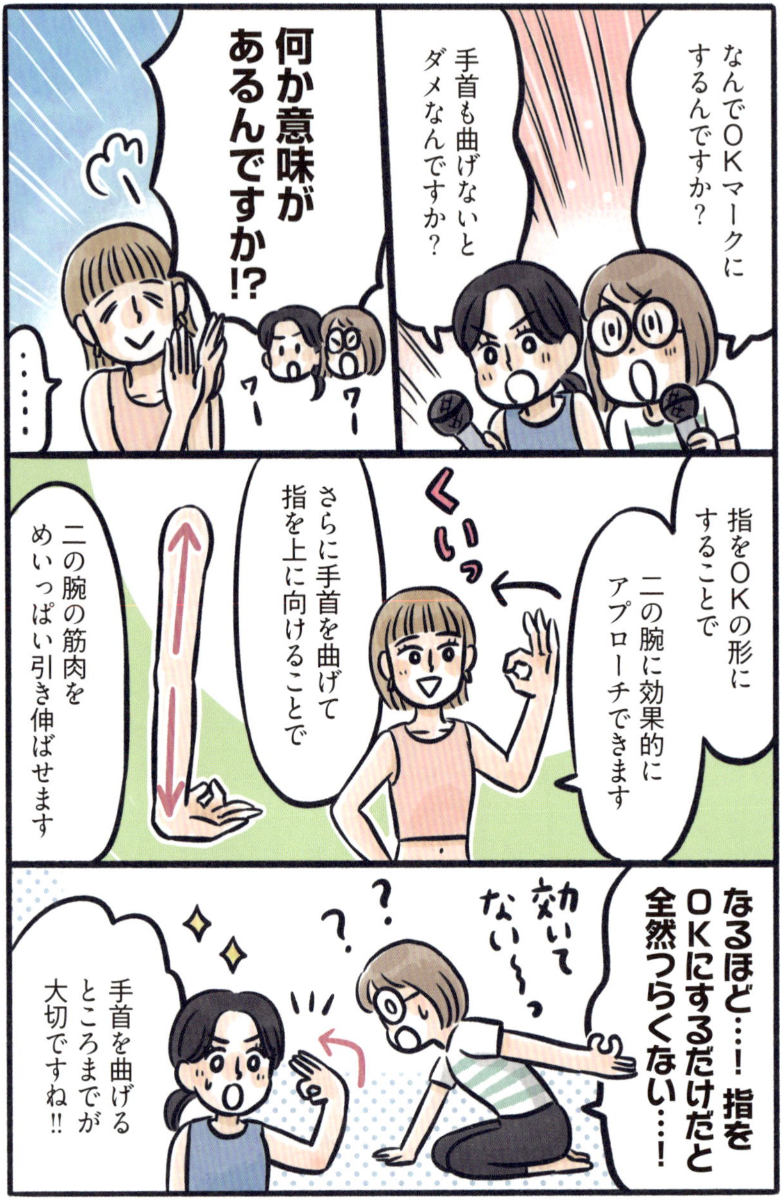
なんでＯＫマークにするんですか?
手首も曲げないとダメなんですか?
何か意味があるんですか!?
ワー
ワー
……
指をＯＫの形にすることで
二の腕に効果的にアプローチできます
くいっ
さらに手首を曲げて指を上に向けることで
二の腕の筋肉をめいっぱい引き伸ばせます
なるほど…! 指をＯＫにするだけだと全然つらくない…!
効いてない〜っ
??
手首を曲げるところまでが大切ですね!!

図解➜p.144

やってみて！ ➜144ページへ！

ぐ〜たらしたい度
MAX

…でもやれる!

鎖骨ストレッチ

ここに効く!

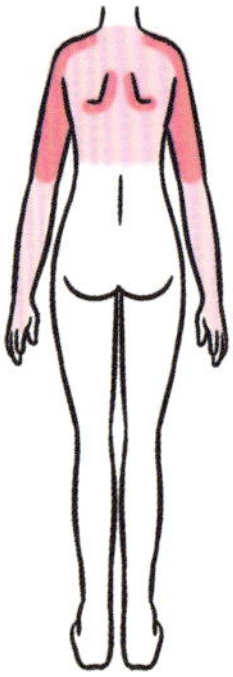

左右
1セットずつ

1

あぐらで座り、右腕を横に伸ばす。
手のひらを天井に向ける。

2

肩を内側にふんわりまわし
手のひらを後ろに向ける。

勢いよくまわさずやさしく

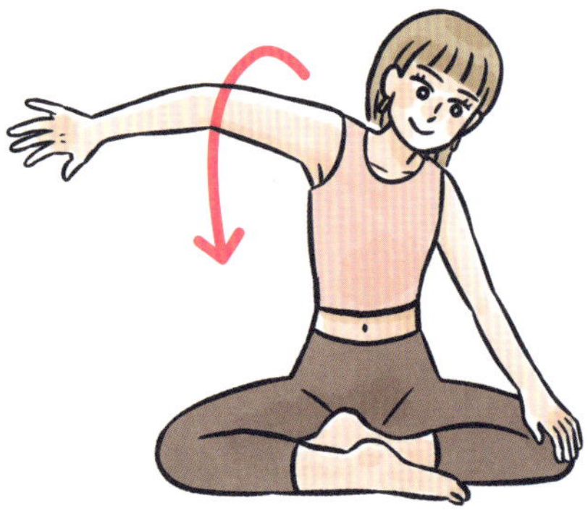

3

右腕を下ろし
手の甲を背中につける。
そのまま30秒キープ。

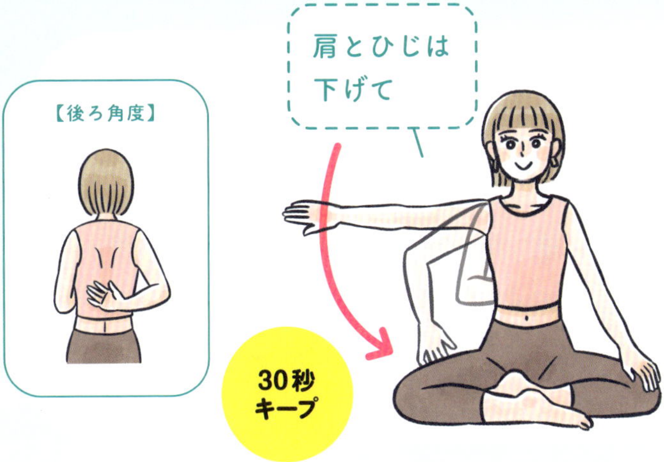
【後ろ角度】
肩とひじは下げて
30秒キープ

4

おへそから上を
右にひねり
さらに30秒キープ。

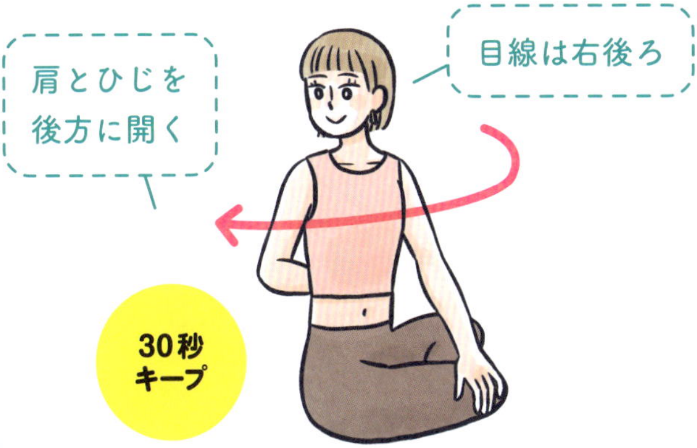
目線は右後ろ
肩とひじを後方に開く
30秒キープ

5

上半身をゆっくりと
正面に戻し
腕をほどく。
左腕も同様に行う。

右腕リラックス

ぐ〜たらしたい度 高

…でもやれる！

腕ローリング

ここに効く！

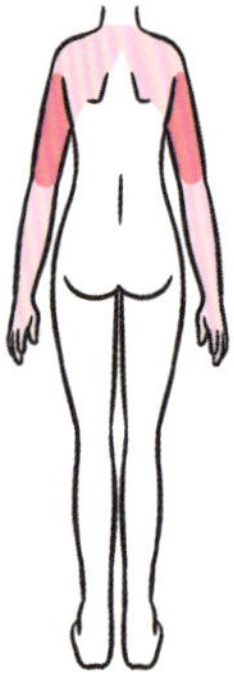

**左右
10回ずつ
×
1セット**

1

正座になり、右手でこぶしを握って
手首を90°曲げる。
ひじを伸ばしたまま
10秒キープ。

曲げづらいときは
左手でサポート
10秒
キープ

2

右ひじを曲げ
こぶしを肩に近づける。

3

左手を右ひじに添え
左腕が額につくまで
持ち上げたら
10秒キープ。

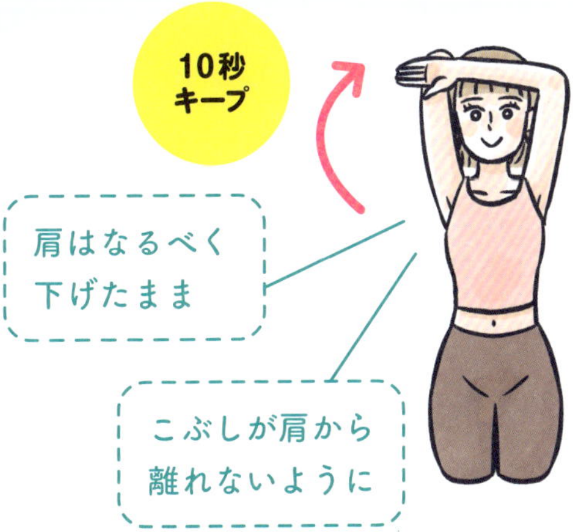
10秒キープ
肩はなるべく下げたまま
こぶしが肩から離れないように

4

手首を90°に
キープしたまま
右ひじを10回
曲げ伸ばす。

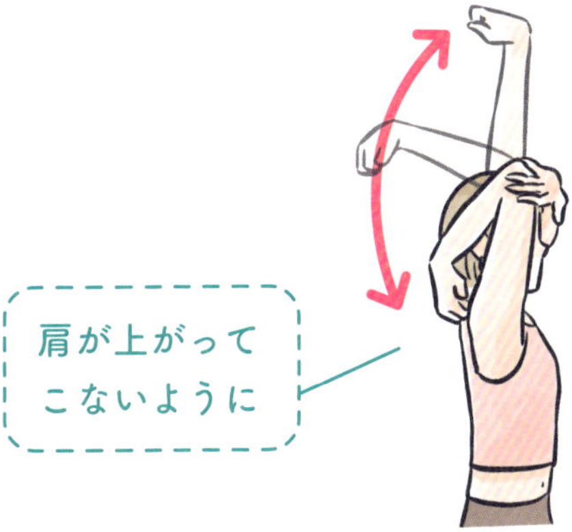
肩が上がってこないように

5

ひじ↓手首の順に
右腕を下ろし
ゆっくり
こぶしをほどく。
左腕も同様に行う。

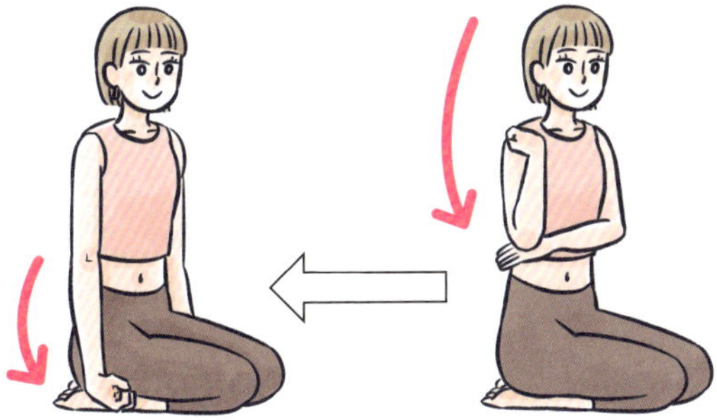

ぐ〜たらしたい度

中

…な時にピッタリ!

肩ツイスト

ここに効く!

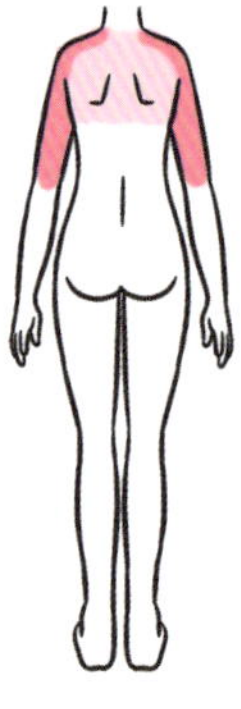

左右
10回ずつ
×
1セット

1

あぐらで座り、右腕を横に広げる。
手のひらを上に向け
ひじを軽く曲げる。

2

右肩を内側にやさしくまわす。
上半身が左斜め前に倒れ
手のひらは天井を向くように。

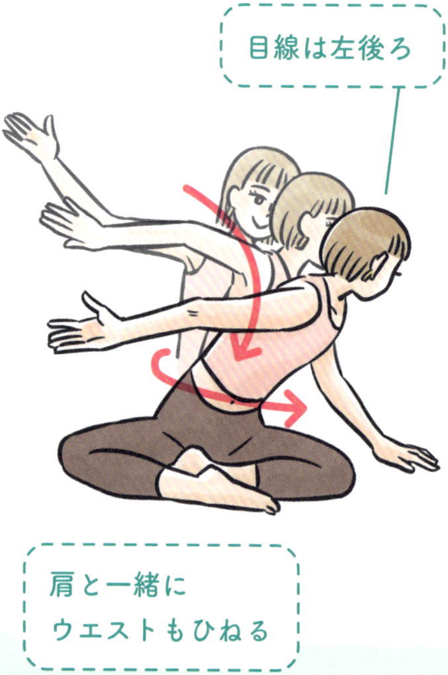
目線は左後ろ
肩と一緒に
ウエストもひねる

マンガ➜p.130

3

肩を外側にまわしながら、来た道を戻る。
❶の姿勢からさらに外側にまわしながら上半身も右にひねる。
❷❸を10回くり返し、左肩も同様に行う。

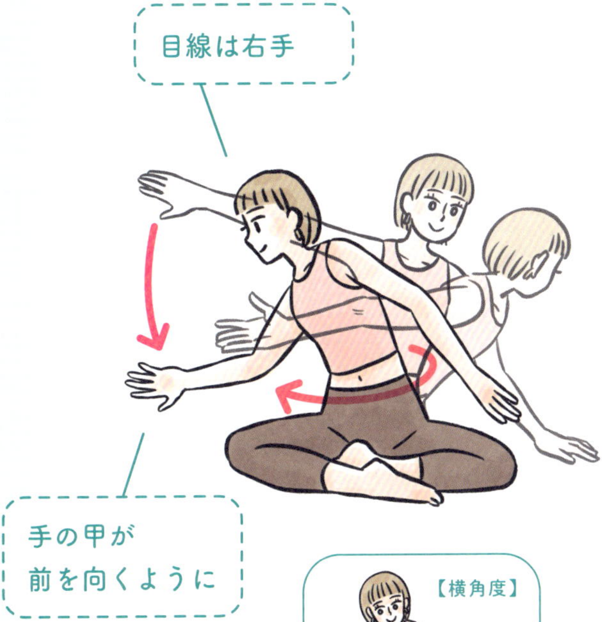
目線は右手
手の甲が前を向くように

【横角度】

OK二の腕エクササイズ

ぐ〜たらしたい度

…今こそトライ!

ここに効く!

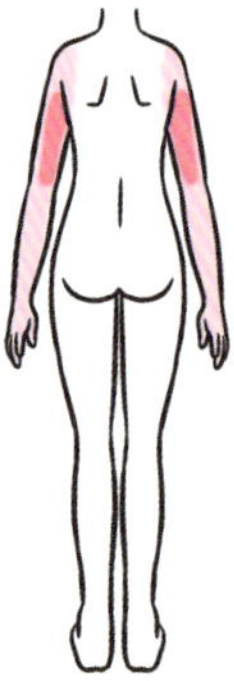

左右
3回ずつ
×
1セット

1

正座になり、右手でOKマークを作り手首を90°曲げる。

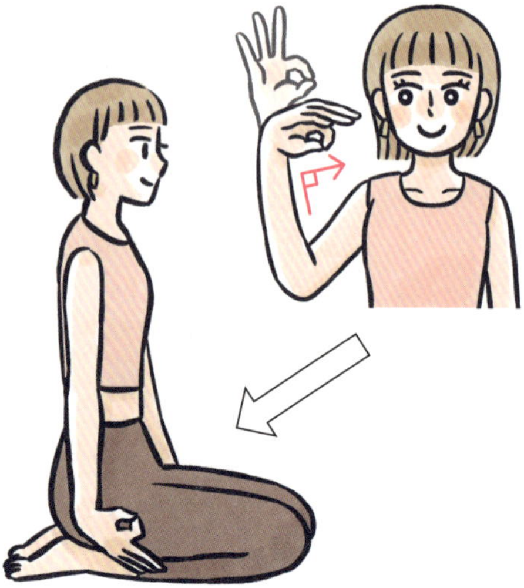

2

肩を内側にまわして腕をひねり手を身体の横に下ろす。OKマークが後ろを向くように。

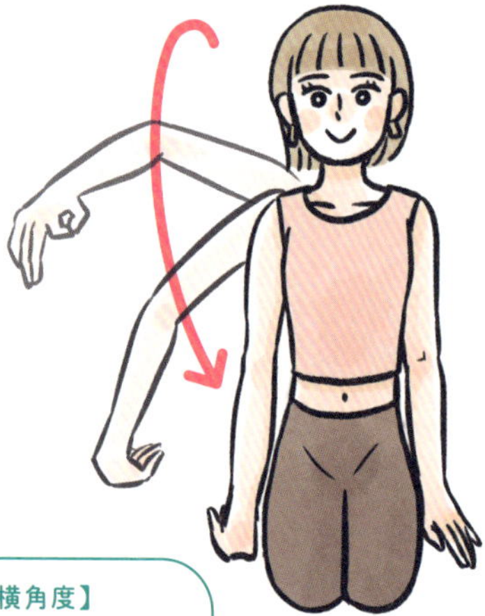

【横角度】
手の甲は下、指先は後ろ

3

上半身を前に傾け
右腕をひねったまま
真後ろに持ち上げて10秒キープ。

目線は斜め下
肩が上がらないように
指先を
天井に向ける
10秒
キープ

4

上半身を起こして右腕を下ろし
❷の姿勢に戻る。
❷❸を3回くり返し
左腕も同様に行う。

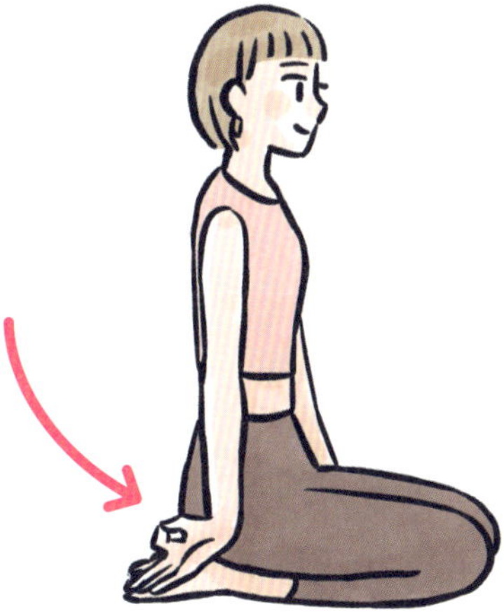

全身編

お悩み相談室

「どこまでもぐ〜たらな私たちをちび先生はわかってる」

たくさんやろうとするとハードルが高くなって
運動習慣が身につかないんです
たしかに!
あの…正直に言っていいですか?
ゴクリ…
ぐ~たらしたい度MAXでもサッとできる
これで全身にいい感じに効く!ふわトレッチ
強欲ぅー
教えてください!!
そうおっしゃると思って全身ふわトレッチもバッチリ考えておきました
神さま——ッ

全身

部位別のふわトレッチも
もちろん大切ですが
身体はすべて
つながっているので
ほう
全身をすみずみまで
使う運動も
それはそれで大切です
全身の筋肉を
まんべんなく
使うことで
バランスのとれた
キレイな体型を
作ることができます！
これなんかは
有酸素運動の効果も
あります
身体がポカポカして
代謝が上がるし
体幹を鍛えることも
できます
交互に足上げ！
一石二鳥ですね！
お得っっ
体幹を鍛えると 何か
いいことあるんですか？

よく手足は細いのに
お腹はポッコリな人
いますよね？
それは体幹の力が弱いせいで
内臓を支えられず 下に
下がってしまってるんです
ゆるゆる
ワーッ
体幹を鍛えることで
内臓が本来の位置に戻り
スッキリ！
ぽっこりお腹も解消され
全身のスタイルアップに
つながります！
個人的には
気になるところの
ふわトレッチ＋
全身ふわトレッチ
をやるのが
オススメです！
お腹＋
全身とか!!
全部やらなくても
いいと思うと
ぐ〜たらな私でも
いけそうな気がする!!

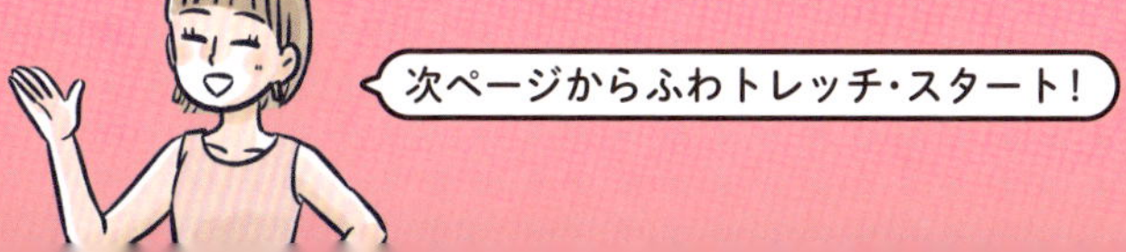
次ページからふわトレッチ・スタート！

全方位ストレッチ

全身のふわトレッチ❶

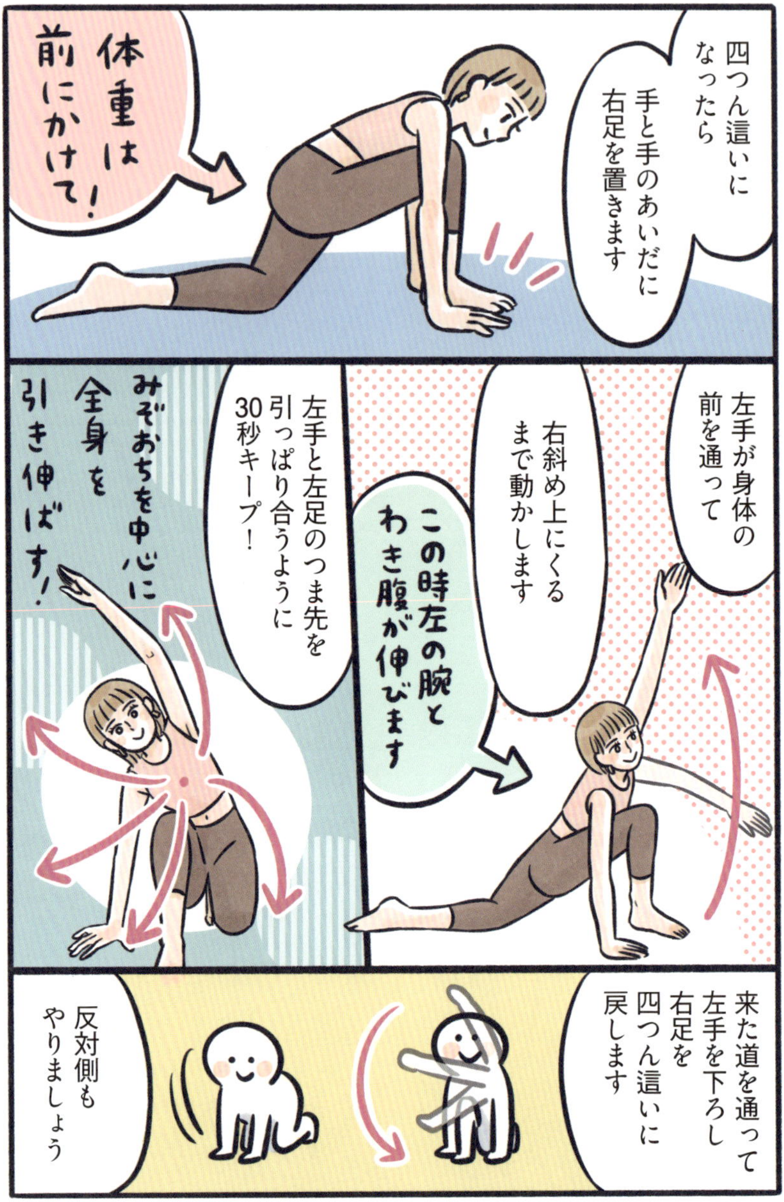

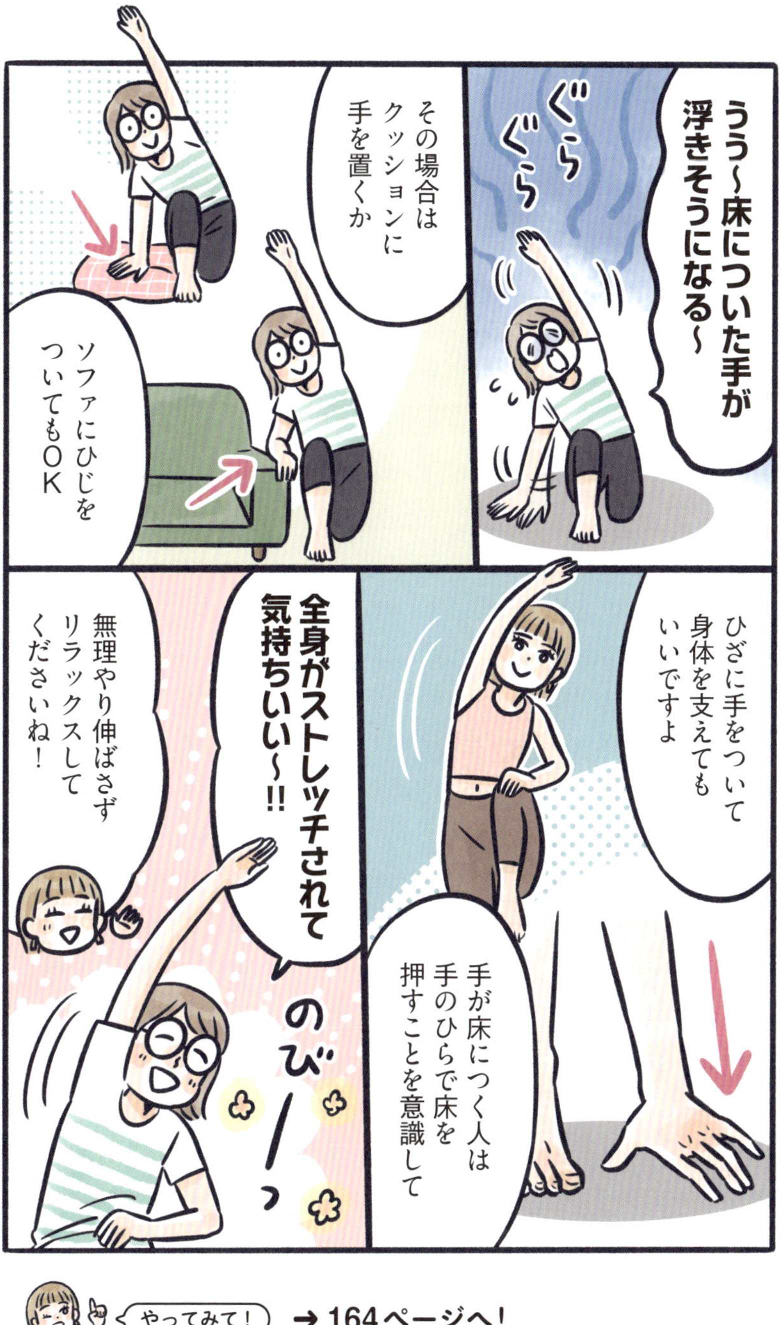

やってみて！ ➔164ページへ！

体幹エクササイズ

全身のふわトレッチ❷

図解➜p.166

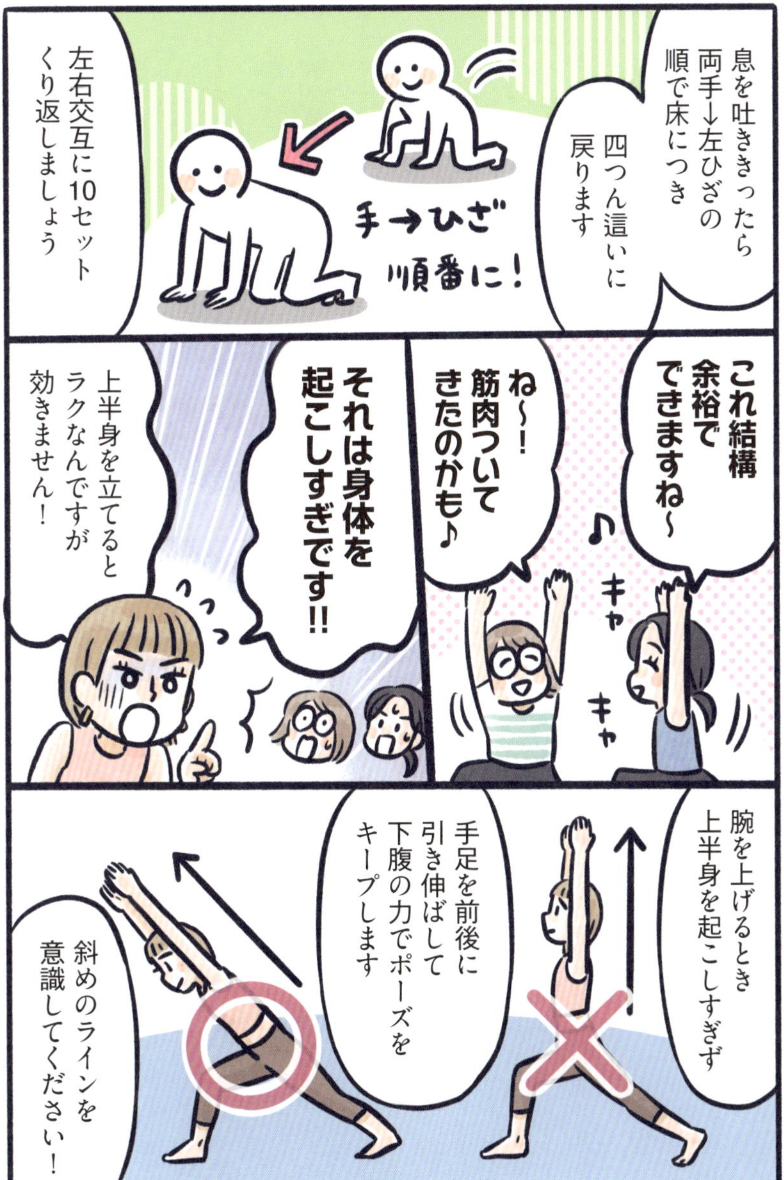
息を吐ききったら両手↓左ひざの順で床につき
四つん這いに戻ります
手➜ひざ順番に！
左右交互に10セットくり返しましょう
これ結構余裕でできますね〜
♪
ね〜！筋肉ついてきたのかも♪
キャ
キャ
それは身体を起こしすぎです!!
上半身を立てるとラクなんですが効きません！
腕を上げるとき上半身を起こしすぎず
手足を前後に引き伸ばして下腹の力でポーズをキープします
斜めのラインを意識してください！

バッ…
バランスがっ
私は
前ももがっ
グラ
グラ
後ろ側の足のかかとを床に近づけると安定します
ダンッ
かかとで何かを踏むイメージで！
両足でしっかり床を押すことで脚の背面が使われて
ぐっ
前ももの疲れも軽減しますよ
なるほどー
…ところで先生
手の下に置く高さのあるものがない場合は どうしたらいいですか？
トイレットペーパーすら今なくて…
フーム…
道具かぁ…めんどくさ
って言うと思ってました!!

やってみて！ ➜166ページへ！

全身

ひざクロスキック

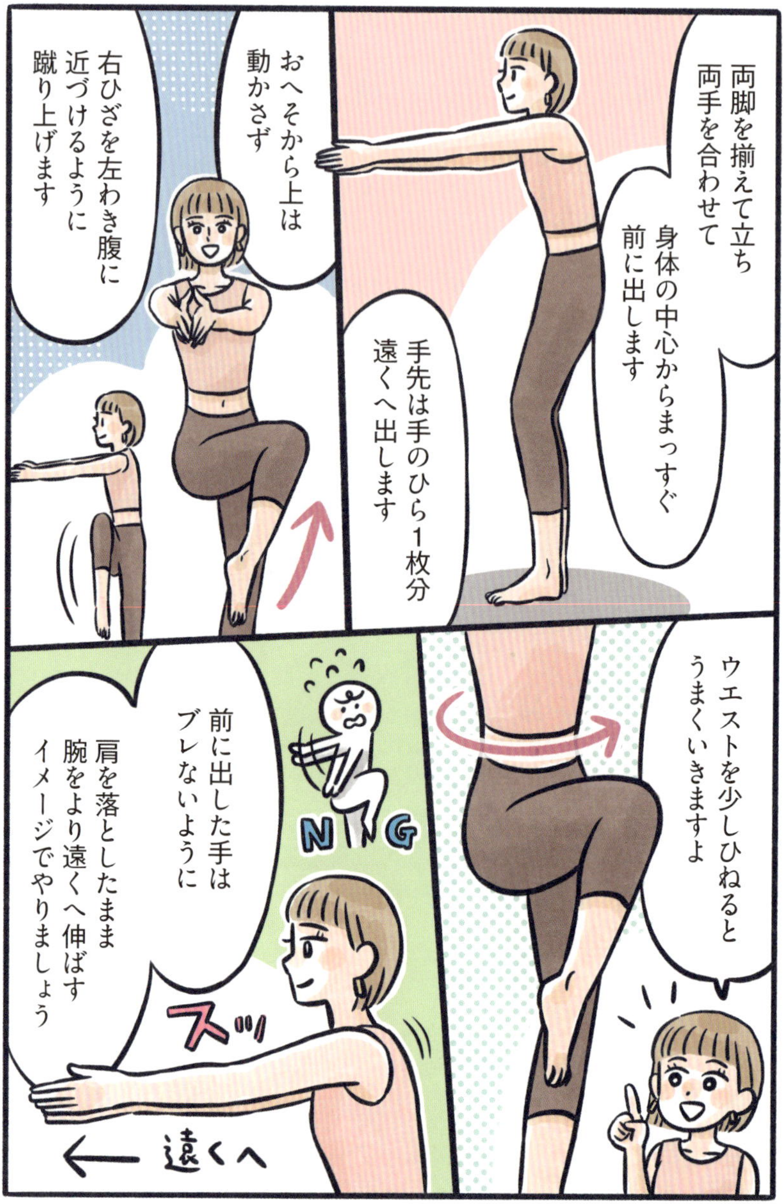
両脚を揃えて立ち
両手を合わせて
身体の中心からまっすぐ
前に出します
手先は手のひら1枚分
遠くへ出します
おへそから上は
動かさず
右ひざを左わき腹に
近づけるように
蹴り上げます
ウエストを少しひねると
うまくいきますよ
前に出した手は
ブレないように
NG
肩を落としたまま
腕をより遠くへ伸ばす
イメージでやりましょう
ズッ
← 遠くへ

図解➜p.168

右ひざを下げたら左ひざも同様に
右わき腹に近づけるように上げます
左も！
フッ
1
2
フッ
吐く息と合わせてリズムよく交互に足を動かしましょう
3
フッ
4
左右10回くり返したらひと呼吸つきます
フッ
9
8
フッ
10
休む
これを3セット行います
他の筋トレは身体をじっくり動かすものが多いですが
このエクササイズは瞬発力が必要なのでテンポよくやりましょう

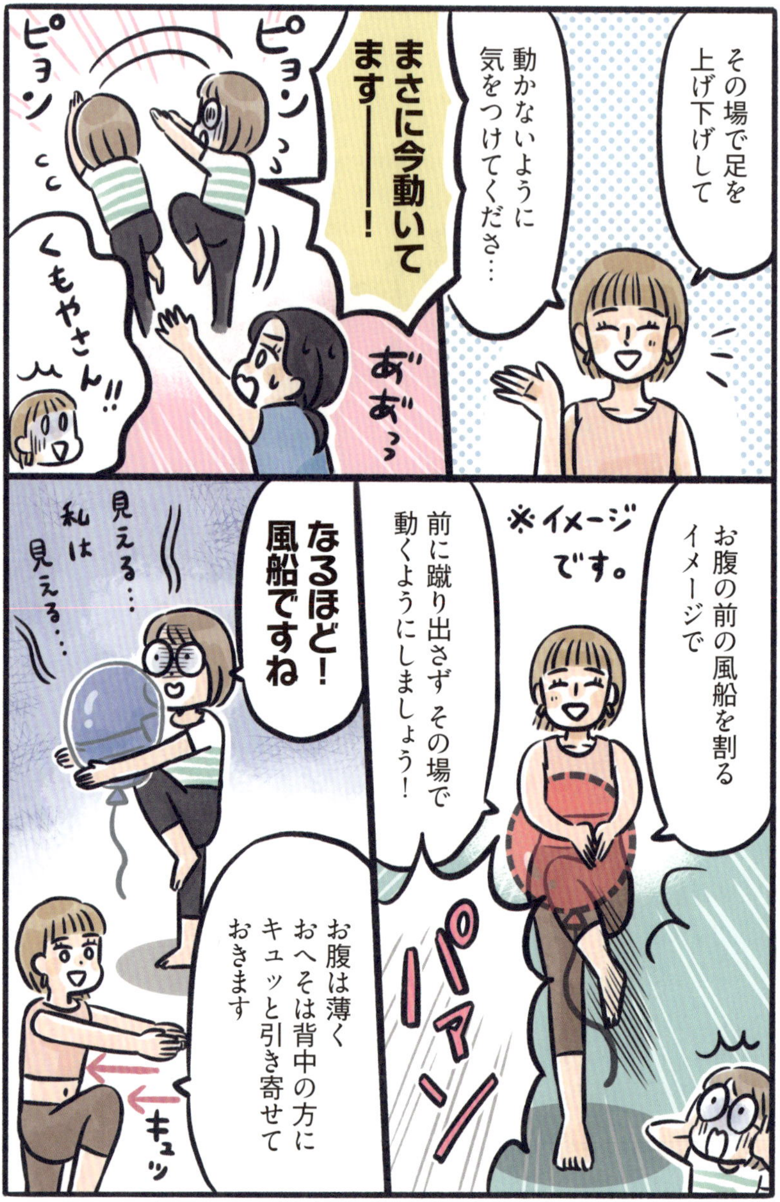

その場で足を上げ下げして
動かないように気をつけてくださ…
まさに今動いてます——!
ピョン
ピョン
あぁっ
くもやさん!!
お腹の前の風船を割るイメージで
※イメージです。
前に蹴り出さず その場で動くようにしましょう!
パアーン
なるほど!風船ですね
見える…私は見える…
お腹は薄くおへそは背中の方にキュッと引き寄せておきます
キュッ

図解→p.168

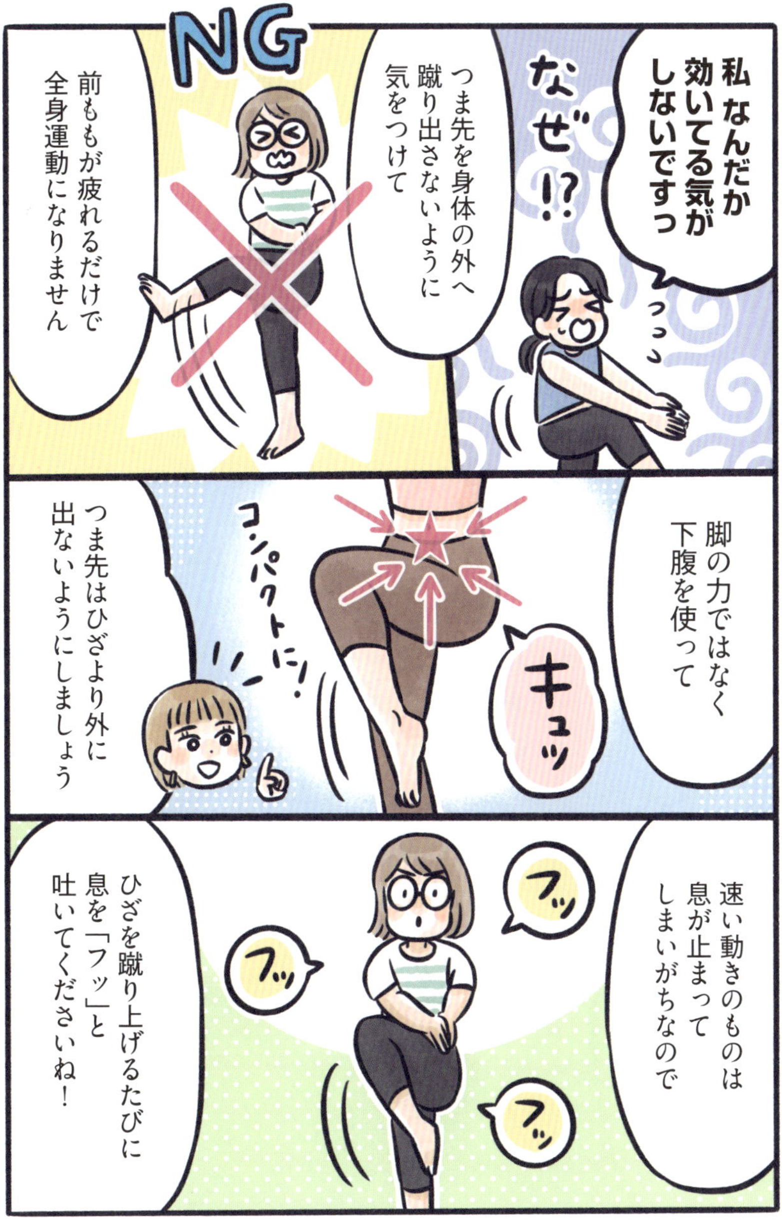
私なんだか効いてる気がしないですっ
なぜ⁉
NG
つま先を身体の外へ蹴り出さないように気をつけて
前ももが疲れるだけで全身運動になりません
脚の力ではなく下腹を使って
キュッ
コンパクトに！
つま先はひざより外に出ないようにしましょう
速い動きのものは息が止まってしまいがちなので
フッ
フッ
フッ
ひざを蹴り上げるたびに息を「フッ」と吐いてくださいね！

やってみて！ →168ページへ！

全身ツイストエクササイズ

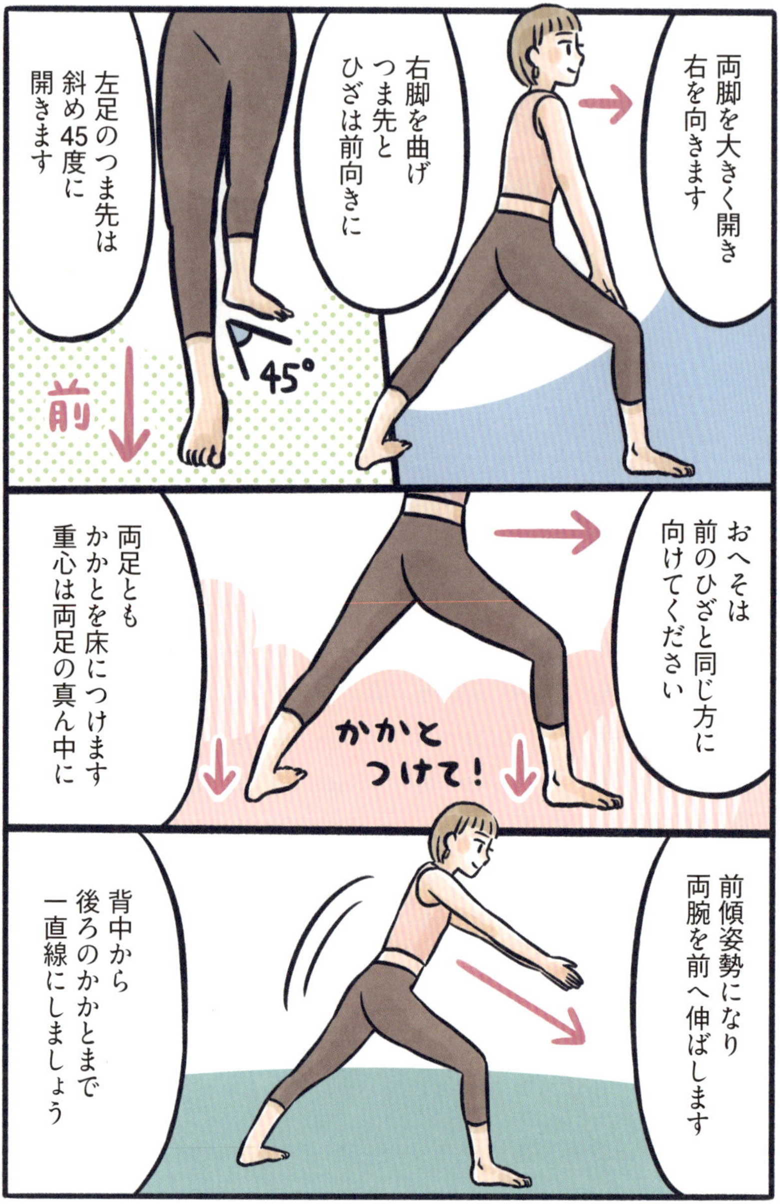

図解➜p.170

右手を左腕
胸前
右肩へと身体に沿わせながら動かし
最後に後ろ斜めへ伸ばします
ぬる
ぬる
ぬる
目線は右手を追いかけるように動かし
右腕が伸びたときに上半身がウエストから大きくひねられているといいです
腕をいきなりパッと広げるのはNG
パッ
OK
右手は来た道を通って元の位置に戻します
ぬるぬる
これを10回くり返します反対も同様に行います

う　腕が開かないしバランスがぁぁ
ギギ…
グラ〜
グラ〜
腕は前後に180度開くことが理想ですが
180°
バランスがくずれそうなら斜め後ろまででOKです
ななめ
前足はしっかり床を踏んで
ぐ
前ももに負担がかかりすぎないように
後ろの足裏全体が床につかない場合は
両足の幅を狭めてみましょう
足幅を調整
ほー

やってみて！ ➜170ページへ！

ぐ〜たらしたい度
MAX

…でもやれる!

全方位ストレッチ

ここに効く!

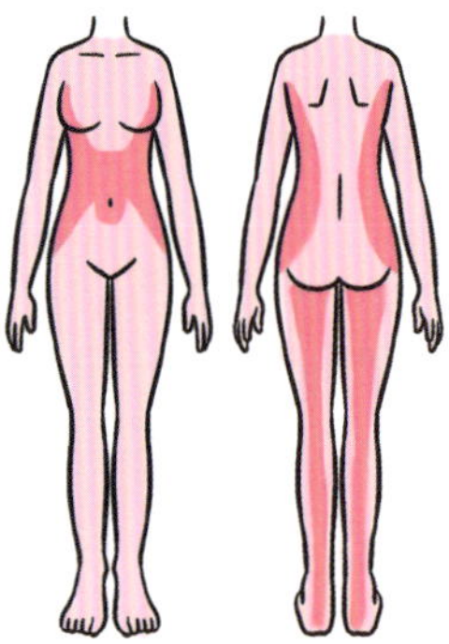

左右
30秒ずつ
×
1セット

1

四つん這いになり手と手のあいだに右足を置く。

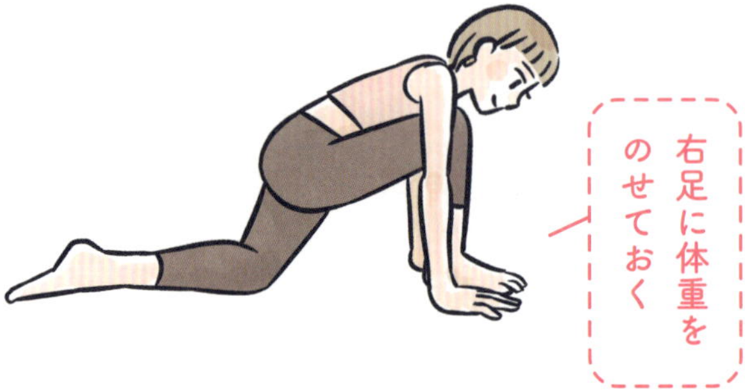
右足に体重をのせておく

2

右手で身体を支え左腕を大きく前から右斜め上に持ち上げる。

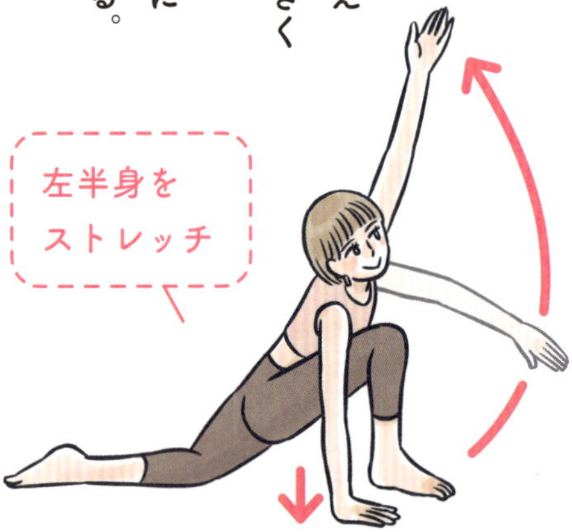
左半身をストレッチ

マンガ➔p.150

3

左の指先からつま先までをやさしく引っぱり合いながら30秒キープ。

4

来た道を戻るように左腕をゆっくり前から下に下ろし四つん這いになる。反対も同様に行う。

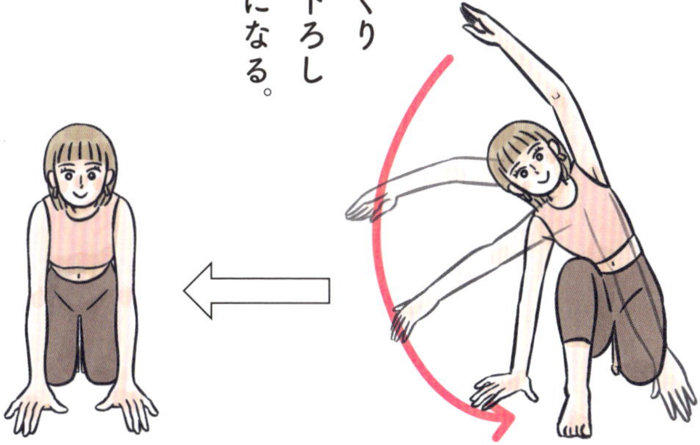

ぐ〜たらしたい度 高

…でもやれる！

体幹エクササイズ

ここに効く！

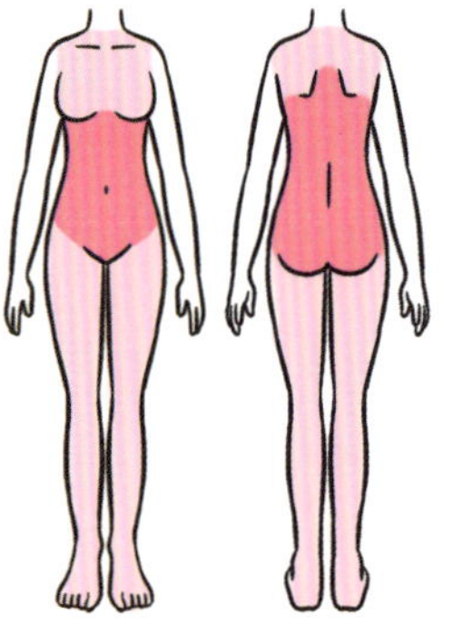

左右
1回ずつ
×
10セット

1

四つん這いになり両ひざを揃える。足指は立てる。

2

手と手のあいだに右足を置く。

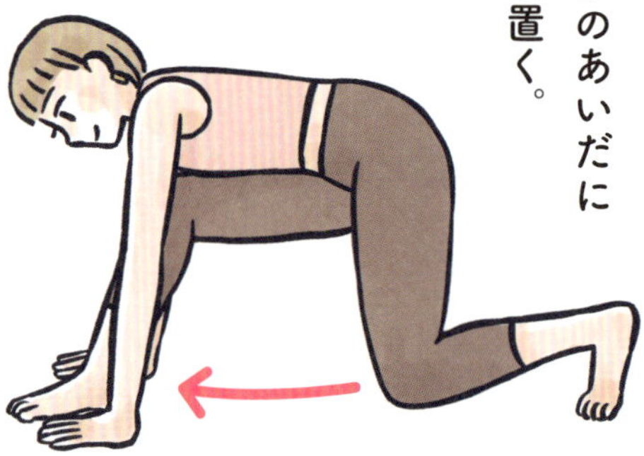

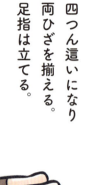

マンガ➔p.152

3

左ひざを床から持ち上げ、伸ばす。

右ひざと左のかかとを引き離す

4

床から両手を離し斜め上へ持ち上げる。全身を引き伸ばし「フゥ〜！」と息を吐いてお腹をへこませる。

指先からかかとまで一直線に

5

両手を床につき❸❷❶の順に姿勢を戻す。左右交互に10セットくり返す。

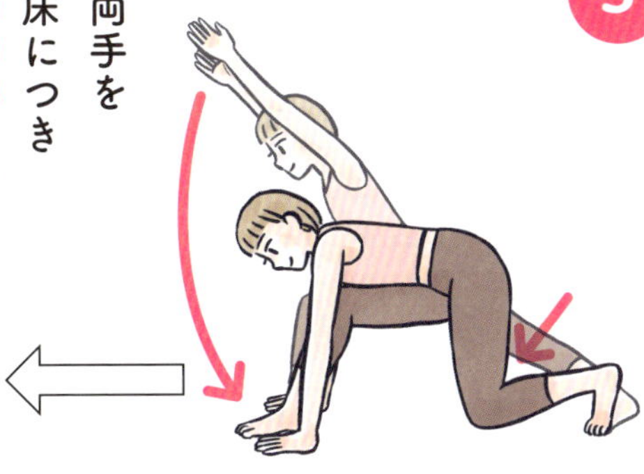

全身

ぐ〜たらしたい度

中

…な時にピッタリ！

ひざクロスキック

ここに効く！

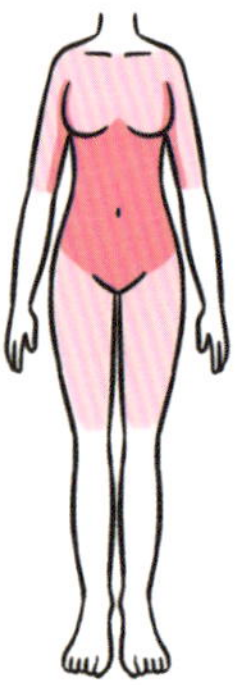

左右10回ずつ×3セット

1

両脚をそろえて立ち
両手を合わせて胸の前に伸ばす。

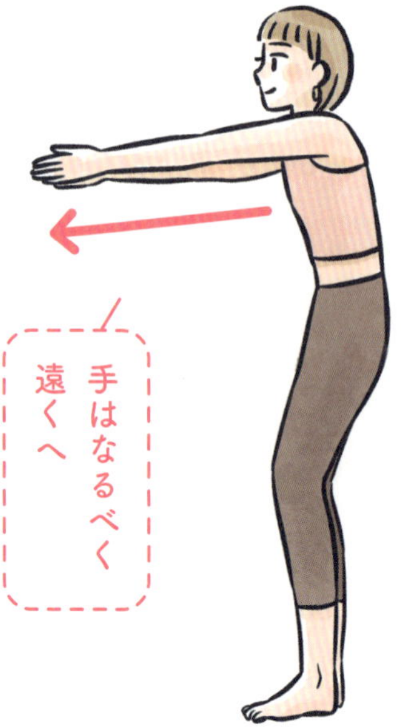
手はなるべく遠くへ

2

息を「フッ！」と強く吐き
右ひざを左わき腹に近づけるよう
持ち上げる。上半身は動かさない。

つま先を外へ蹴り出さない

3

息を吸って
右脚を元の位置に戻す。

4

左脚も同様に、息を吐きながら
ひざを持ち上げる。
1秒1キックを目安に
左右交互に10回、リズムよく行う。
3セットくり返す。

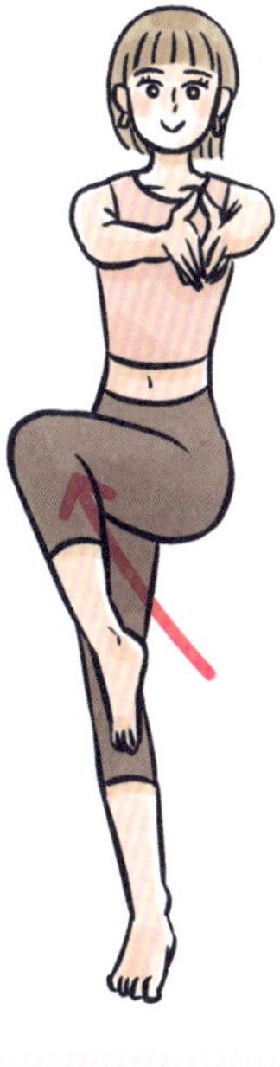

1セットおきに
小休止してOK

全身ツイストエクササイズ

ぐ〜たらしたい度

…今こそトライ!

ここに効く!

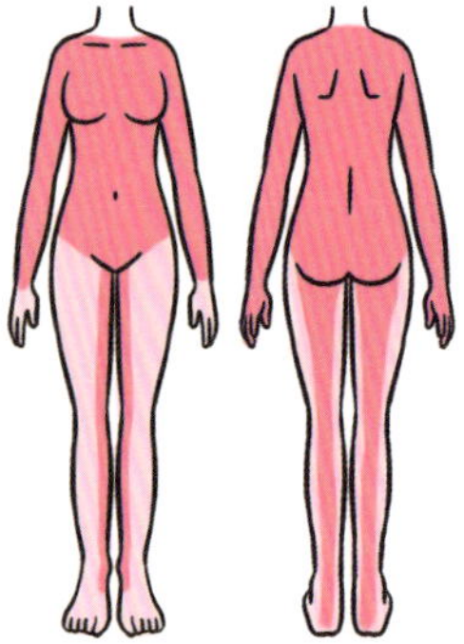

左右
10回ずつ
×
1セット

1

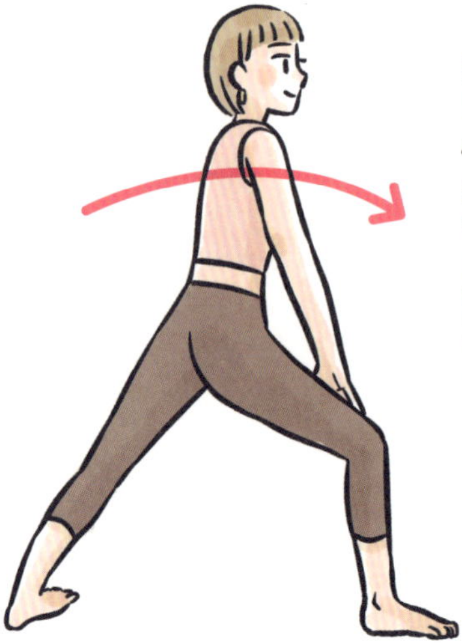

両脚を大きく開き
右を向いて右ひざを曲げる。
左のつま先は
斜め45°外側に開いておく。

2

やや前傾姿勢になり
両腕を前へ伸ばす。

重心は両足の真ん中に

3

息を吐きながら
ウエストを右にひねり、右手を
左腕↓胸↓右肩へと沿わせて
移動させる。

後ろのかかとが床から離れないように

4

右腕を斜め上まで伸ばしきったら
息を吸いながら通って来た道を
たどり、右手を元の位置に戻す。
❷〜❹の往復を10回くり返し
反対も同様に行う。

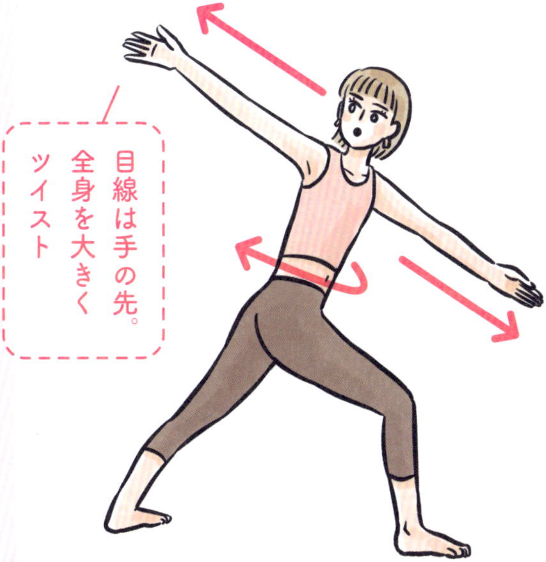
目線は手の先。全身を大きくツイスト

実践レポート

ふわトレッチ1カ月チャレンジ

本書に掲載のふわトレッチを、ちび先生のオンラインサロンに参加している生徒さんたちに、1カ月間実践してもらいました。
それぞれの方がたしかに実感した成果を、アンケートとともにご覧ください！

【質問内容】

①ふわトレッチを始める前の運動頻度
②ふわトレッチを始めるまでのダイエットの結果
③ふわトレッチの実施頻度
④重点的に行った部位
⑤一番嬉しかった変化
⑥ふわトレッチを続ける秘訣

AFTER

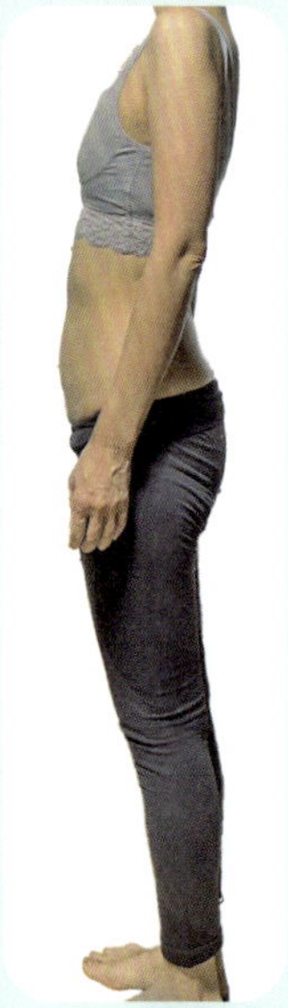

BEFORE

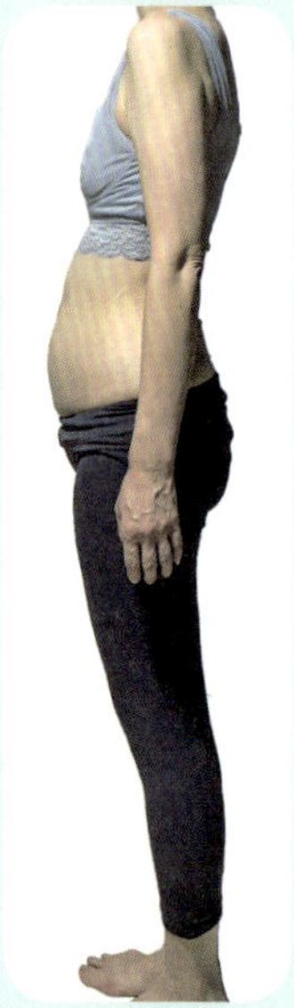

Aさん（50代）

1カ月後

①運動はしていなかった／②ダイエットに成功したが、リバウンドした／③週に4-5回／④お腹／⑤うっすら腹筋が見えた、割れた感じ／⑥ちぴちゃんのお写真をスマホの待ち受けにしてモチベ上げてます。

ぐ～たら女子にひとこと

ふわトレッチを楽しんでください。楽しんでいるご自分を感じてるうちに、理想のわたしに近づいていきましたよ♡

AFTER

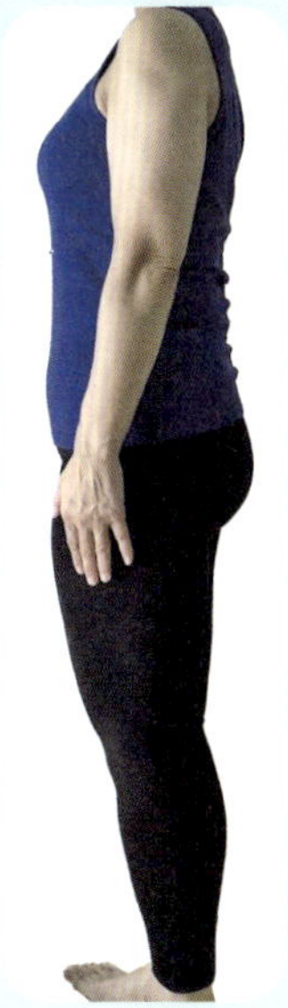

Tさん（50代）

1カ月後

①運動はしていなかった／②ダイエットをしたことはあるが、成功したことはない／③週に6-7回／④脚／⑤洋服選びが前ほど大変ではなくなった／⑥ふわトレッチを歯磨き感覚にすること！

ぐ～たら女子にひとこと

ふわトレッチを続ければ、年齢を重ねても自信を持って過ごすことができます！一緒に頑張りましょう！

BEFORE

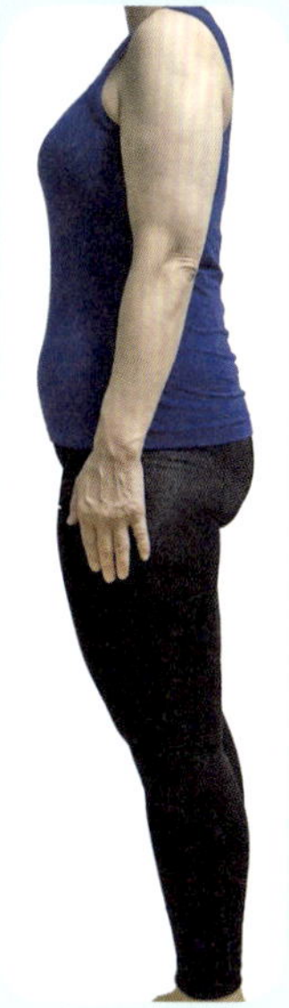

AFTER

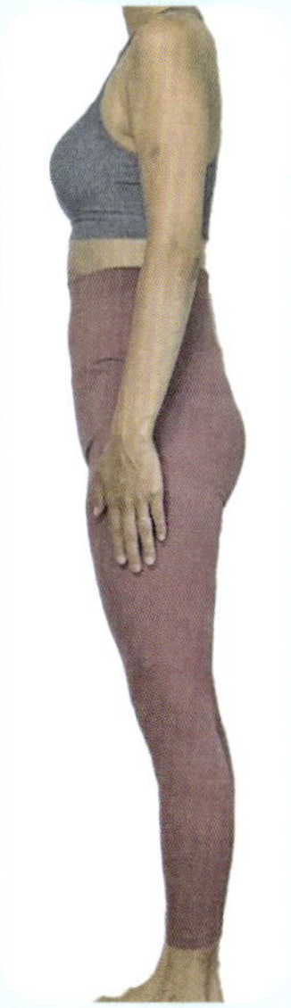

Mさん（40代）

1カ月後

①週に2-3回／②ダイエットに成功したが、リバウンドした／③週に4-5回／④背中・腰／⑤またレオタードを着て、念願のバレエを再開できた／⑥その日の体調に合わせて軽いもの、激しめなものを選ぶこと。

ぐ～たら女子にひとこと

ふわトレッチはとっても気持ちいい、だから続けたくなります。続けると、痩せます！ぜひ試してみてください！

BEFORE

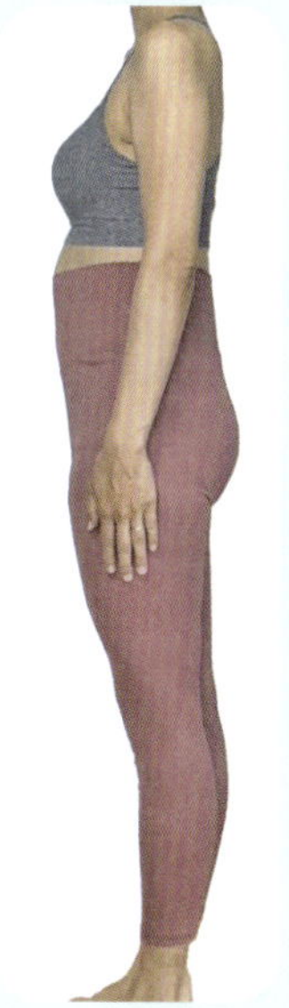

ちぴログ　ちび先生からのアドバイス

Oyakusoku　Okite1　Okite2　Okite3　Ohmachigai

“無理”してキレイになれるなんて、大間違い。

ふわトレッチチャレンジ、楽しんでいただけましたか？
もうお気づきだと思いますが、キレイな体型を作りたいなら
じっくりゆったり身体を動かすこと。そして身体磨きを習慣にするには
いかに頑張らず淡々とできるかが大きなポイントです。
この本のタイトルにもなっている「ぐ〜たら女子」とは、決して
“なまけものな女性”という意味ではありません。美容や健康のために
何かしたいと思っていても、家事や育児や仕事に追われて毎日クタクタ。
たとえ疲れていても、痩せるためにはキツいトレーニングを
しなきゃいけない。そう考えるだけで身も心も重くなり
何も行動できない日が続いてしまう。そんな「今を懸命に生きる
すべての女性たち」が、少しでも前向きに気持ちよく運動ができたら
世の中がもっと明るくなるかもしれない。
「ふわトレッチ」は、こんな私の想いから生まれました。

今でこそ美ボディ講師として活動している私ですが、過去には家庭を
優先するあまり、自分のことを後回しにし続けた時期がありました。
自らをなおざりにしていると、自己肯定感が低くなり
身体も心もすさんでいき、自分の存在価値を見失ってしまいます。
その状態から抜け出したくて身体磨きを頑張っても、過酷なダイエットや
間違ったボディメイクは、さらに心身を痛めるだけ。

自分をステキにするのに、無理をする必要はありません。
「心地いいな」と感じられることを、少しずつ積み重ねるだけでいい。
ふんわりした気持ちで、ふんわり身体を動かせば、無駄な力みのない
しなやかなボディとメンタルを手に入れることができます。
自称ぐ〜たらさんのあなたにも、そうじゃないあなたにも。
すべての女性に捧げる「ふわトレッチ」が、あなたの日常をやわらかく
彩ってくれることを、心から願っています。

CHIPILOG

あとがき

美ボディ講師になって2年。子どもの頃から続けているダンスやバレエ、ダンス講師としての経験をもとに作ってきた「ふわトレッチ」を、まさか書籍という形でお披露目する日がくるとは、想像もしていませんでした。

自分をステキにするための身体づくりは、決してつらいものじゃない。気持ちよくてつい続けたくなる、前向きで尊いものなんだと、少しでも多くの方に知っていただけたら嬉しいです。

最後に、愛らしいイラストで本を彩ってくださったくもや先生、細部までこだわって本を仕上げてくださった編集の藤原さん、出版を一番近くで応援してくれた家族と生徒さんたち、本当にありがとうございました。

「ふわトレッチ本」で、読者の皆さんが明るく楽しくなりたい姿を叶えられますように。

ちび

この本を手に取ってくださり、ありがとうございます。何度言われても姿勢はくずれ、運動習慣が身につかなかった私が、ふわトレッチを始めて日頃から姿勢を気にして整えるようになりました。何歳になっても自分を好きでいるということ、そのための一つに〝シャンとした姿勢でいること〟を含めれば、どんどん好きな自分に近づくと思います。ある日鏡に映った自分に「結構いいじゃん！」と思えるよう、この本を頼りに進んでいってほしいです。

最後に、この本の制作に携わってくださった皆さま、ふわトレッチを教えてくださったちび先生、機会をくださった担当編集の藤原さん、出版を喜んで応援してくれた家族と大事なお友達、いつも応援してくださっている皆さま、そして推しに、心からの感謝をこめて。

本当にありがとうございました！

くもやあきこ

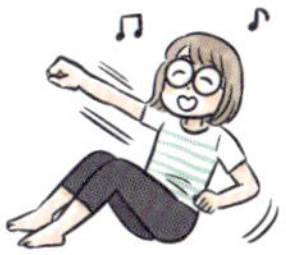

編集	編集長	営業	校正	DTP	ブックデザイン
藤原優香	斎数賢一郎	後藤歩里	川平いつ子	辻野祥子	あんバターオフィス

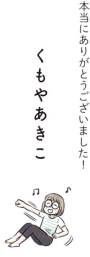

体型《たいけい》がなんかビミョーな
ぐ～たら女子《じょし》が
10日《か》で変《か》わった
ひねって伸《の》ばす
ふわトレッチ

2024年12月20日　初版発行
2025年 6 月30日　3版発行

著者　くもやあきこ

監修　ちぴ

発行者　山下直久

発行　株式会社 KADOKAWA
〒102-8177　東京都千代田区富士見2-13-3
電話 0570-002-301（ナビダイヤル）

印刷所　TOPPANクロレ株式会社

◎お問い合わせ
https://www.kadokawa.co.jp/
（「お問い合わせ」へお進みください）
※内容によっては、お答えできない場合があります。
※サポートは日本国内のみとさせていただきます。
※Japanese text only

定価はカバーに表示してあります。

ISBN 978-4-04-684118-6 C0077